AF384893
AF384893

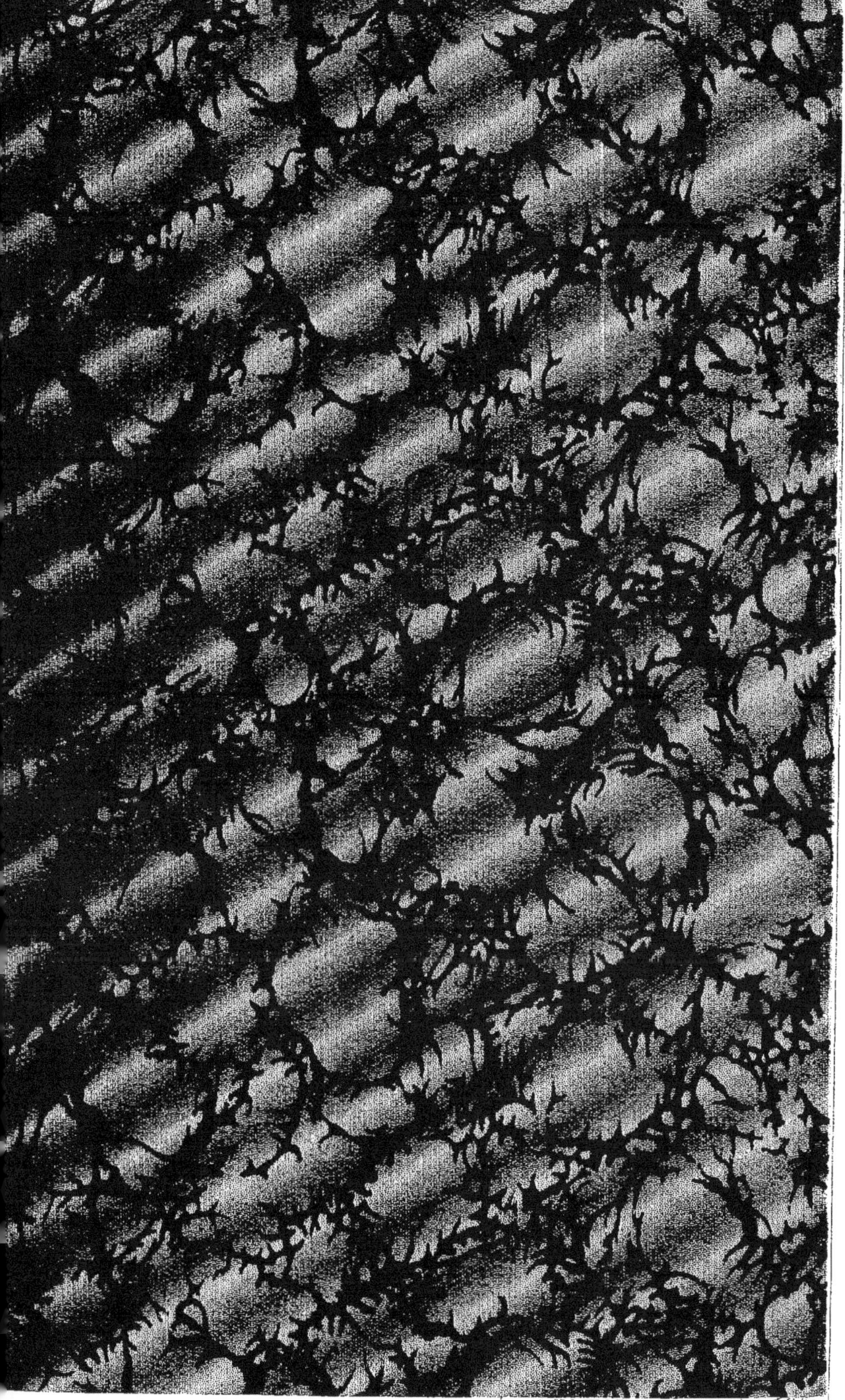

LE

SECRET PROFESSIONNEL

DES NOTAIRES

PAR

Lucien RECULLET

DOCTEUR EN DROIT

PARIS

A L'ADMINISTRATION

DU JOURNAL DES NOTAIRES ET DES AVOCATS

52, RUE DES SAINTS-PÈRES

LE
SECRET PROFESSIONNEL
DES NOTAIRES

PAR

Lucien RECULLET

DOCTEUR EN DROIT

PARIS

A L'ADMINISTRATION

DU JOURNAL DES NOTAIRES ET DES AVOCATS

52, RUE DES SAINTS-PÈRES

Le Secret professionnel des Notaires

INTRODUCTION

A l'heure même où nous donnions à cette étude
sa forme définitive, une voix écoutée s'élevait au
Palais de Justice qui en formulait l'idée directrice,
celle de M. le bâtonnier Bourdillon.

Qu'il nous soit permis de placer notre œuvre sous
la protection de cette haute autorité et d'inscrire au
frontispice d'un essai sur le secret professionnel des
notaires, les paroles prononcées par M. le bâtonnier
de l'ordre des avocats, le 3 décembre 1904, à l'ouverture de la Conférence :

« Celui à qui vous dites votre secret devient maître de votre liberté », écrivait dans ses mémoires,
l'auteur des *Maximes*. Aussi de tout temps, la répro-
bation a-t-elle frappé les personnes qui, par inadvertance ou par malignité, révélaient les confidences
dont elles étaient dépositaires (1).

1.　　　　　« ..... Commissa tacere qui nequit
　　　　　« Hic niger est : hunc, Romane, caveto ».
　　　　　　　　(HORACE, *Satire IV*).
« Avant de faire une confidence de quelque importance même à notre
« meilleur ami, il faut avoir présent à la pensée qu'il peut devenir notre
« ennemi » (Carnot. *Code pénal*, sur l'article 378, tome II, 242).

« Commise par un particulier, cette indiscrétion constitue suivant les cas, un péché véniel, ou une faute contre l'honneur ; elle ne saurait intéresser l'ordre public. Le législateur a jugé inutile de la réprimer, ne donnant à la victime que la ressource souvent illusoire de l'article 1382 du Code civil.

« Commise au contraire par ces « confidents nécessaires » dont l'existence est consacrée au relèvement des âmes, à la guérison des corps ou à la défense des personnes et de leurs biens les plus chers, la trahison revêt un caractère redoutable.

« La société a le droit de s'émouvoir et l'obligation d'intervenir, car elle constate la méconnaissance d'un principe essentiel à son repos : c'est-à-dire une atteinte dangereuse portée à cette confiance dans les « confidents nécessaires », confiance salutaire à la seule condition d'être inébranlable dans l'esprit de tous ceux là, — et ils sont légion, — qui ne peuvent obtenir qu'aux prix d'aveux sans réserves ou de confessions sans réticences, les soins ou les conseils, l'aide ou le secours, quelquefois même les consolations dont ils ont l'impérieux besoin ».

Me Bourdillon s'adressait aux avocats, mais, si l'on pèse ses paroles, on se convaincra que le bénéfice peut en être revendiqué par les notaires ; — l'éminent avocat donnait d'ailleurs à sa pensée une forme générale qui permet de comprendre dans ceux auxquels elle s'adresse, tous les hommes que leur profession constitue dépositaires des secrets d'autrui.

Le secret professionnel envisagé sous son aspect le plus général, est une nécessité sociale de tous les temps. Mais si à toutes les époques il a été admis (1), à toutes les époques aussi, il a provoqué des controverses entre les juristes qui ne le croient pas incompatible avec certaines transactions, et ceux qui soutiennent qu'aucune considération n'en peut atténuer la rigueur.

La doctrine du secret professionnel a eu, elle a encore aujourd'hui, ses « opportunistes » et ses « radicaux » soit parmi les magistrats, soit parmi les auteurs.

D'aucuns ont établi, entre les dépositaires des secrets d'autrui, une certaine gradation au sommet de laquelle ils plaçaient les ministres du culte, et qui en passant par les avocats, venait aboutir, au degré inférieur, au notaire, le plus discuté, sans être pour cela le plus discutable des confidents.

Nous pouvons, comme dit M. le bâtonnier Bourdillon, « laisser dormir dans la poussière des archives les conciles de l'Eglise » ; mais, la jurisprudence et la doctrine, qu'elles appartiennent au passé ou au présent, ouvrent un large champ à nos investigations.

1. Les Macédoniens et les Romains, pour la réception des greffiers et des scribes, pratiquaient de grandes cérémonies ; ils exigeaient que le candidat eût couché pendant trois nuits dans le temple et aux pieds de la statue de la Fidélité ; après quoi on lui remettait « l'anneau du secret » et on jetait ensuite devant lui une écrevisse dans le feu, parce que l'écrevisse est le symbole de l'indiscrétion (Raviot. *Observations sur les arrêts notables du Parlement de Dijon*. T. I. question XVII).

Cependant, nous sortirions des limites de notre œuvre, si ces investigations s'égaraient dans l'examen des questions générales qui n'intéressent pas spécialement la profession notariale. Ces questions dominent notre matière, et les solutions qu'elles ont reçues projettent une vive lueur sur la partie du débat qui nous occupe. On nous pardonnera donc d'y faire quelquefois allusion, mais, comme elles sont extérieures à cette matière, on nous pardonnera aussi de ne pas nous attarder à les discuter.

« Les notaires, leur caractère, leur devoir essentiel », ainsi se précise l'objet de notre étude. La discrétion professionnelle se rattachant au caractère du notaire comme l'effet à la cause, c'est sur ce caractère que nous allons, à titre de préface, nous expliquer en quelques mots.

Deux théories se partagent les auteurs. L'une d'elles considère le notaire comme un simple rédacteur d'actes, chargé de revêtir de l'authenticité les conventions des parties ; l'autre, lui attribue des fonctions autrement élevées : elle le tient pour le conseil de ceux qui recourent à son ministère, le dépositaire fidèle de leurs confidences, le juge autant que le défenseur de leurs intérêts, et, pour caractériser la haute mission qui lui est dévolue, on n'a pas trouvé trop ambitieux le titre de « Magistrat domestique » que les auteurs anciens et modernes lui ont bien souvent décerné.

Si nous remontons à l'ancien droit, nous rencontrons l'expression de la première de ces théories dans Denizart : « Il serait, dit-il, bien extraordinaire que les notaires, *simples rédacteurs de la volonté des parties* fussent dispensés.... de déposer comme témoins » (1).

Mais l'immense majorité des auteurs se fait déjà une idée autrement large de la profession notariale : « Les notaires, écrit Ferrière, sont dépositaires de la fortune des particuliers et des secrets des familles qui assurent tout à la fois la possession des biens, et la tranquillité de ceux à qui ils appartiennent » (2).

Domat apprécie, lui aussi, le rôle des notaires à un point de vue élevé, mais pour ne pas tomber dans des redites, nous ne donnons pas ici des citations que l'on rencontrera plus loin au titre du « Secret des confidences ».

Les formules qui caractérisent le plus énergiquement ce rôle appartiennent à Loyseau, soit qu'il dise : « Les parties sont comparues devant le notaire, comme en droit et en jugement », soit qu'il proclame que les contractants qui ont arrêté leurs conventions devant l'officier public « sont jugés et condamnés de leur consentement ».

(Et de fait, à regarder les choses de près, aperçoit-on beaucoup de différence entre un acte authentique et

1. Denizart. V° *Notaire,* n° 129.
2. Ferrière. V° *Notaire.* Page 364.

ce que la procédure appelle un jugement d'expédient ou un jugement d'accord ?).

La controverse de nos anciens jurisconsultes s'est renouvelée de notre temps.

Legraverend, un peu plus tard Chauveau et Faustin-Hélie, ont fait revivre plus ou moins complètement la doctrine du notaire simple rédacteur d'actes.

Il va sans dire que cette doctrine est aussi celle des novateurs, qui se proposent, soit de supprimer le notariat sans le remplacer, soit de confisquer au profit d'agents de l'Etat, de fonctionnaires salariés, la profession notariale.

Si le notariat est métier de scribe, pourquoi, en effet, ses attributions ne seraient-elles pas livrées au premier venu qui sait écrire ? C'est la thèse révolutionnaire.

Quant aux étatistes, il faut bien qu'ils ne voient dans le notaire qu'un simple rédacteur d'actes ; sans cela, ils se trouveraient dans l'impossibilité de lui substituer l'Etat représenté par un de ses fonctionnaires. L'Etat authentiquant les volontés des parties, cela est tout naturel ; l'Etat revêtant les actes du caractère exécutoire est parfaitement dans son rôle, et nous dirons même que le notaire, qui exerce aujourd'hui ce pouvoir, ne l'exerce que par délégation de l'Etat. Dans ces conditions, la substitution est facile et logique.

Mais si vous vous représentez le notaire sous son aspect de conseil, la transformation n'est plus aussi simple. L'Etat rédacteur d'actes ? C'est parfait. Mais l'Etat confident et conseil ? Cela tourne un peu au paradoxe. Investir l'Etat d'une mission si peu d'accord avec son rôle, c'est comme si l'on invitait les parties à faire la confidence de leurs préoccupations financières, de leurs projets, de leurs secrets de famille... au commissaire de police du quartier.

Le parti que l'on prendra dans ce débat est donc de grande importance ; et, pour ne pas le prendre à la légère, il convient d'interroger les traditions, la législation, les contemporains, — car une société ne vit pas de souvenirs, mais de réalités présentes, — la logique surtout, qui est de tous les temps. — Mais, quelle que soit la part que l'on fait à cette dernière, il ne faut pas perdre de vue qu' « hier » est l'instituteur de « demain », et négliger cette leçon du passé qui s'appelle l'expérience.

Nous ne voulons point abuser ici, de notions historiques que l'on retrouve en maints endroits. Dans les renseignements que nous a légués le passé, nous ne retiendrons que ceux qui jettent quelque jour sur le caractère que nos pères attribuaient aux notaires et que la législation contemporaine ne semble pas avoir amoindri.

Il nous importe fort peu de savoir ce qu'étaient les fonctions de tabellion au temps d'Arcadius et d'Honorius et de savoir quel rapport les *scribæ, cursores, logographi, tabelliones, actuarii* de Rome pouvaient avoir avec les notaires de l'an de grâce

1905 (1). Nous remonterons seulement à Charlemagne et c'est déjà beau. Ce fut Charlemagne qui, le
premier, investit les notaires du pouvoir d'imprimer
à leurs actes le caractère de l'autorité publique. Il les
nomme dans les capitulaires, *judices chartularii*.
« Cette dénomination précise et énergique, dit Merlin,
semble annoncer que ce grand prince avait conçu
l'idée des notaires, tels qu'ils existent aujour-
d'hui (1). »

Au XVIᵉ siècle (nous franchissons sept siècles d'un
bond), les officiers publics qui attachent l'authenticité à leurs actes, sont les tabellions et les notaires. Ces deux expressions ne sont pas synonymes.

La fonction de tabellion, plus modeste que celle
dont Charlemagne avait conçu l'importance, n'était
originairement, avec celle de greffier, qu'un seul et
même emploi, exercé par les clercs ou commis des
juges ordinaires : l'une et l'autre fonction furent
ensuite incorporées au domaine de la couronne et
données à ferme. Plus tard elles furent érigées en titre
d'office, et c'est, à notre sens, à partir de ce moment
que grandit la dignité et l'importance du tabellionat.

Les tabellions ne furent d'abord établis que dans
les villes chef-lieux de baillages ou sénéchaussées.

1. Notons cependant que Justinien appela souvent les notaires à la dignité
de décurion, et même à celle de sénateur (Legrand. *Traité des devoirs
moraux des notaires.*

2. « Le titre de notaire entraînait avec lui une connaissance approfondie
des lois en vigueur, une habitude fondée sur l'expérience des grandes
affaires, une *discrétion*, un désintéressement, une probité à toute épreuve »
(Amédée de Bast, *Origines judiciaires.* p. 203).

Mais, comme un homme ne pouvait faire seul tous les actes volontaires d'une juridiction, il fut permis aux tabellions de commettre des substituts pour recevoir les actes à leur place et ensuite les leur apporter à signer, garder et expédier « Ces clercs, dit Loyseau, étaient proprement ce qu'on appelait alors *notaires*, par ce qu'ils prenaient note des conventions, pour les porter aux tabellions qui les inséraient dans leurs registres, les attestaient par leur signature et en délivraient l'expédition aux parties». Les inconvénients qui pouvaient résulter de cette interposition de personnes déterminèrent la royauté à ériger en titre d'office des notaires pour la campagne.

Les notaires ne pouvaient cependant pas expédier les grosses des actes qu'ils recevaient ; ils étaient assujettis à porter leurs minutes aux tabellions ; mais, Henri IV, par un édit de 1597 supprima les tabellions et garde-notes, réunit leurs fonctions à celles des notaires royaux et voulut que tous les notaires royaux fussent égaux en qualité, quoiqu'inégaux en territoire.

A la suite de cette réforme, le notariat, en même temps qu'il conquiert son unité, parvient au maximum d'une considération qui déjà, sous Louis XI, ne lui était pas marchandée.

Détruite comme les autres par la Révolution (loi du 9 octobre 1791), remplacée rudimentairement par l'organisation d'un corps de notaires publics qui ne fonctionna point, l'institution du notariat se rétablit sur des bases solides lorsque la France se ressaisit, et reçut sa forme actuelle de la loi du 25 ventôse an XI. La création du notariat tel qu'il existe aujourd'hui est attribuée par M. Valler, avocat général à la Cour de Besançon, « aux grands hommes de la Révolution, qui ont anéanti les anciens privilèges et fondé la société nouvelle » (1). Il est incontestable que les législateurs de ventôse étaient d'anciens révolutionnaires, mais est-il bien sûr qu'en l'an XI, trois ans après le coup d'Etat de brumaire, un an avant l'Empire, ils pouvaient encore se dire les « législateurs de la Révolution » alors que les matériaux dont ils se servirent étaient surtout et presque exclusivement empruntés à l'ancien régime » ?

Ce qui est certain, c'est que, souvenir du passé ou conception nouvelle, l'idée qu'ils se firent du notariat était grande et belle. Nous en avons le témoignage dans l'exposé par Réal des motifs de la loi de ventôse.

Après avoir parlé de l'organisation des tribunaux civils, des justices de paix et du culte, il ajoute : « Une quatrième institution est nécessaire ; et, à côté des fonctionnaires qui concilient et qui jugent les différends, la tranquillité appelle d'autres fonctionnaires qui, *conseils désintéressés des parties, aussi bien que rédacteurs impartiaux de leurs volontés*, leur faisant connaître toute l'étendue des obligations qu'elles con-

---

1. Vallon. *Discours de rentrée de 1884.*

tractent... *conservant leur dépôt avec fidélité*, empêchent les différends de naître entre les hommes de
bonne foi et enlèvent aux hommes cupides, avec
l'espoir du succès, l'envie d'exercer une injuste contestation. Ces conseils désintéressés, ces rédacteurs
impartiaux, *cette espèce de juges volontaires* qui
obligent volontairement les parties contractantes
sont les notaires. Cette institution est le notariat ».

Et peu de temps après la loi de ventôse, sur cette
juridiction volontaire, à l'occasion de laquelle le
conseiller d'Etat de Bonaparte semblait s'être sou-
venu des *judices chartularii* de Charlemagne, Loret
s'exprimait en ces termes :

« Sans doute, le ministère du notaire est de rédi-
« ger les conventions des parties qui se présentent
« devant lui et qui réclament ses fonctions ; mais ce
« serait une erreur de regarder cet officier public
« comme purement passif dans cette rédaction. La
« loi, en l'instituant pour donner le caractère d'au-
« thenticité à l'acte qu'il reçoit, lui a, en même temps,
« confié l'honorable ministère d'éclairer les contrac-
« tants sur leurs droits et leurs intérêts. Le notaire
« est donc établi pour indiquer aux contractants
« les moyens légaux d'assurer l'exécution de leur
« convention, de prévoir pour eux ce que leur igno-
« rance ne leur permet pas même de soupçonner,
« de leur faire voir quelles sont les conventions,
« auxquelles la loi n'a mis aucune limite, quelles
« sont celles, au contraire, ou la liberté de l'homme

« a été restreinte par la volonté du législateur.

« Le ministère des membres de la juridiction con-
« tentieuse ne s'exerce que sur des contestations qui
« existent déjà entre les citoyens. Les esprits sont
« échauffés, les cœurs aigris, les passions agitées,
« quand on invoque le secours des tribunaux conten-
« tieux. Le langage de la raison ne peut le plus sou-
« vent être entendu par des hommes qui sont dominés
« par le sentiment de l'injustice qu'ils croient éprou-
« ver et le désir d'en obtenir la réparation éclatante.
« Ce n'est donc qu'au milieu des discordes et du
« déchaînement de toutes les passions, des subtilités,
« de la mauvaise foi de l'un, des prétentions exagé-
« rées de l'autre, que les magistrats de ces tribunaux
« peuvent rendre leurs oracles ; de là les formalités
« qu'on a établies pour cette juridiction et l'appareil
« dont on a été obligé de revêtir ses décisions.

« Bien plus heureux, le ministre de la juridiction
« volontaire, ne voit que la concorde et la paix. Lors-
« que les parties ont recours à lui, c'est pour cimenter,
« par un acte authentique la convention dont elles ont
« déjà arrêté entre elles les bases. Les conseils que le
« notaire leur doit, ne peuvent avoir pour but que de
« donner à la convention déjà faite le développement
« nécessaire pour en assurer la parfaite exécution et
« empêcher toutes les contestations qui pourraient
« s'élever à son sujet. C'est donc à lui à rédiger l'acte
« avec une clarté telle qu'il ne reste aucun doute,
« aucune ambiguité sur les volontés de ceux qui y con-

« tractent. Malheur à lui, si le contrat qu'il a rédigé,
« au lieu d'être un monument de paix et de bonne foi,
« devient un brandon de troubles et de discordes.
« — En vain, il dira qu'il a dû se conformer religieu-
« sement aux volontés qui lui ont été exprimées par
« les parties, qu'il n'a pas dû leur suggérer des clau-
« ses qui n'avaient pas été convenues entre elles, ni
« étendre sa prévoyance plus loin que ceux qui récla-
« maient son ministère : on lui répondrait que la con-
« vention des parties contractantes une fois faite sur
« la substance de l'acte, c'était au ministre de la loi
« dont elles invoquaient le secours, à donner à l'acte
« tous les appuis dont il avait besoin pour produire
« l'effet qu'on en attendait ; que, si une clause de
« prévoyance était nécessaire pour assurer l'exécu-
« tion de la convention, il devait la proposer aux
« parties contractantes, et leur expliquer les motifs
« de son utilité » (1).

La doctrine qui ne veut voir dans les notaires que
de simples rédacteurs d'actes a donc trouvé peu
d'adhérents. Ceux qui la font revivre aujourd'hui
pour les besoins de leur cause sont les hommes qui
se proposent de détruire l'institution notariale. La

---

1. Ces idées n'étaient pas nouvelles. Nous en trouvons l'expression, non
seulement dans les travaux préparatoires de l'an XI, mais dès l'an VI, dans
ces paroles prononcées par Favart de Langlade au Conseil des Cinq Cents.
« Il est peu de fonctions plus importantes que celles des notaires. Dépositaires des plus grands intérêts, *régulateurs* de la volonté des parties, quand ils
semblent n'en n'être que les rédacteurs, les notaires exercent une espèce de
judicature d'autant plus douce qu'elle ne paraît presque jamais. »

théorie contraire, celle qui fait du notaire un « magistrat », de sa profession une « juridiction domestique » (1), est la pierre angulaire de notre œuvre et
une prémisse nécessaire de notre conclusion. Faites
du notaire un simple scribe, et vous n'aurez pas
besoin de lui demander d'autres qualités ou de lui

1. Cette conception si élevée de la profession notariale implique un cor-
rélatif nécessaire sur lequel nous n'avons pas à nous appesantir. Une véritable sélection dans le recrutement du personnel. Cette corrélation n'a point
échappé aux magistrats qui se sont expliqués sur la matière, et aux jurisconsultes qui l'ont spécialement traitée : « C'est dans ce ministère, écrit
Loret dans son style emphatique, que doit par excellence se trouver l'union
des talents et de la vertu ! »

M. Planté, ancien magistrat (*Observations sur la réforme du notariat,*
1re partie, t. II) dit : « Autrefois les études de notaires restaient pendant de
nombreuses générations dans les mêmes familles. Jaloux de perpétuer les
traditions d'honorabilité et de probité qui avaient attaché à leur nom l'estime générale, les fils succédaient à leur père ; les ressources paternelles
suffisaient à son successeur : la transmission de l'office s'opérait sans difficultés pécuniaires et, si parfois le notariat ne gagnait pas beaucoup en
science nouvelle, du moins il ne perdait rien en expérience et en considération ».

Même idée est exprimée dans un discours de rentrée, prononcé par M. Valler, avocat général en 1884 devant la Cour de Besançon : « Jadis le notariat
se recrutait mieux qu'aujourd'hui. il était au premier rang des professions
libérales. S'il ne conduisait pas à la fortune, il assurait, avec des ressources
convenables, l'honneur et la considération. Aussi était-il très recherché et
souvent les offices passaient de père en fils. Il n'était pas rare de voir pendant plusieurs générations, une charge remplie par des notaires portant le
même nom et appartenant à la même famille. Cela ne se voit plus que rarement de nos jours. Le notaire qui a fait fortune se hâte de céder son office,
sans attendre que son fils soit en âge de lui succéder ».

Les pouvoirs publics ne se sont pas jusqu'ici désintéressés de cette question
du recrutement du personnel notarial. Aujourd'hui un examen sérieux est
exigé des candidats qui aspirent au notariat. On ne s'est pas montré très
exigeant du côté des grades. Peut-être devrait-on considérer la licence en
droit comme un minimum de preuve d'aptitude, ou exiger qu'elle fût remplacée, au cas où le diplôme ne serait pas produit, par une pratique profes-

imposer d'autres devoirs que les qualités ou les devoirs d'un écrivain public. Reconnaissez dans ses fonctions la haute mission qui a été définie par les membres les plus éminents des tribunaux et vous devrez peser les obligations qui lui incombent, défendre les droits qui leur sont corrélatifs.

Si le notaire n'était qu'une sorte de machine à écrire moins perfectionnée que celles qu'ont inventées les mécaniciens de notre époque, son secret professionnel ne vaudrait pas les honneurs d'un plaidoyer. Mais il n'en sera pas de même si vous apercevez en lui la raison qui éclaire, la doctrine qui conseille, la justice qui s'impose ; on pensera avec nous que l'étude est une sorte de « chambre du conseil » dont les discussions ne doivent pas transpirer au dehors.

Le notaire est un greffier, si l'on veut, mais c'est un greffier qui dresse la minute de ses propres jugements ; et ce n'est pas tout encore : en lui se confondent, le juge des intérêts en contact et le conseil des parties, — cette triple attribution s'exerçant d'ailleurs dans des conditions modestes, familières même,

sionnelle plus longue et plus sérieuse que celle qui aujourd'hui est réputée suffire.

Ce côté social de la question est très bien observé dans *L'Etude Chandoux*, un roman qui a toute la valeur d'un document, publié en 1884 dans la *Nouvelle Revue* par J. de Glouvet dont le pseudonyme n'a pas dissimulé longtemps le nom d'un président de la Cour de cassation, M. Quesnay de Beaurepaire.

Parmi les causes qui font que trop souvent le notariat ouvre ses portes à des candidats de peu de surface, de famille douteuse, etc., etc..... il faut compter l'ambition et les illusions d'une classe nombreuse de personnes qui ont fait une petite fortune dans le commerce et la culture et pour lesquels le notariat apparaît comme le moyen d'élever leurs enfants à un rang supérieur.

de sorte que l'homme qui cumule tant de rôles importants ne se croit ni le supérieur du greffier, ni le rival de l'avocat, ni l'égal du magistrat.

Il est « le notaire » ; et le titre suffit à satisfaire l'amour-propre d'un homme d'honneur, si toutefois on veut bien ne pas dépouiller les fonctions auxquelles il s'applique du lustre qu'elles méritent et que pendant quelques siècles on n'a pas songé à leur refuser.

Comme le ministère du notaire lui-même, le secret professionnel se présente sous un triple aspect. Puisque l'étude est une sorte de greffe où sont déposés les jugements du magistrat domestique, elle doit être fermée aux investigations du public ; le notaire doit défendre contre toute curiosité indiscrète les minutes dont il est le dépositaire et le gardien. Pour la même raison les livres de l'étude, les registres ne doivent, pouvoir être consultés que par ceux qui en ont reçu l'autorisation de la loi. Puisque, d'autre part, le notaire nous apparaît comme le conseil des parties qui recourent à son office, ce qui le rapproche de l'avocat, on doit lui reconnaître les mêmes droits et les mêmes devoirs qu'aux membres du barreau.

De là un triple secret à garder par le notaire : 1° le secret des minutes (auquel s'ajoute comme un complément nécessaire le secret des documents privés qui ont pu lui être confiés), le secret des livres et registres de l'étude, le secret des confidences. De là aussi la division toute naturelle de cet essai dans lequel nous traiterons d'abord du secret des minutes, puis du secret des livres, et enfin, du secret des confidences reçues par l'officier public dans l'exercice de ses fonctions, ou à raison de sa qualité (1).

1. On trouve le principe du secret professionnel formulé au xiiiᵉ siècle par la Coutume de Montpellier (art. 102) et par la Coutume de Carcassonne (également art. 102). Voir Giraud. *Essai sur l'histoire du Droit français au moyen âge.* T. I, pièces justificatives, p. 68, 69.

TITRE PREMIER

LE SECRET DES MINUTES

CHAPITRE PREMIER

Historique de l'institution des minutes.

L'institution des minutes n'est pas à beaucoup près aussi ancienne que celle des notaires. Jusqu'en 1304 les notaires, même les soixante notaires de Paris créés en titre d'office par saint Louis, remettaient aux parties, après y avoir fait apposer le sceau de la juridiction du Châtelet, les actes qu'ils avaient rédigés. Nous dirions aujourd'hui que ces actes étaient dressés en *brevet*.

Par une ordonnance du mois de juillet 1304, Philippe le Bel obligea les notaires à transcrire les actes qu'ils recevaient sur des registres ou protocoles tenus à cet effet. C'est évidemment là l'origine des minutes, bien que nous ne soyons nullement convaincu que l'on considérât à cette époque l'acte transcrit sur le protocole comme constituant le titre même; nous serions plutôt porté à croire que l'original consistait dans le titre remis aux parties intéressées, tandis que les actes reportés sur le protocole ne constituaient que des copies.

Dans tous les cas, l'ordonnance de 1304 n'était pas applicable aux notaires de Paris. Ces derniers continuèrent à délivrer aux parties des « briefs », ou « cédules », jusqu'en 1437. Par une ordonnance du 1er décembre 1437, Charles VII enjoignit aux notaires de Paris de prendre pour leurs actes les mêmes précautions qui étaient imposées aux autres notaires du royaume : de tenir et garder des registres ou protocoles, d'y transcrire et enregistrer leurs actes, et d'annoter en marge de chaque acte l'époque de la délivrance de la grosse (1).

Il est probable, et il a été parfois affirmé que les notaires avaient pris d'eux-mêmes, à cause des pertes que les parties pouvaient faire de leurs actes, l'habitude de les inscrire sur des registres, et que l'ordonnance de 1304, ainsi que les lettres patentes de 1437, se bornèrent à rendre obligatoire une pratique usuelle qui, jusque-là, n'avait été que facultative (2).

En 1539, les dispositions de l'ordonnance de 1437 n'ayant pas été pleinement exécutées, François Ier crut devoir les renouveler. L'article 137 de l'ordonnance de Villers-Cotterets obligea tous les notaires

1. Merlin. V° *Notaire,* t. I, n. 2.
2. Rutgeerts et Amiaud, t. II, p. 879 et 880.

du royaume, sans aucune distinction, « de faire fidèles
registres et protocoles de tous les contrats qu'ils recevaient pour y avoir recours en cas de perte des brevets, ou minutes » (1).

Les notaires, dans le principe, étaient obligés
d'écrire de leur main et l'acte remis aux parties (brief
ou cédule), et l'acte porté sur le protocole. Des lettres patentes de François Ier (1541), postérieures de
deux ans seulement à l'ordonnance de Villers-Cotterets dispensèrent les notaires de Paris d'écrire de
leurs propres mains les grosses de leurs actes, et
leur permit de les faire écrire par leurs clercs.

Evidemment, il s'est produit une transformation.
L'acte important, l'acte essentiel, c'est celui qui
demeure en la possession du notaire. L'idée de la
« minute » s'est précisée, sans que l'on puisse dire
au juste à quelle époque.

En tous cas, elle apparaît distinctement dans les
lettres patentes de 1541.

Et à cette idée de l'importance essentielle, supé-
rieure de la minute se rattache une autre idée : celle
d'un devoir qui pèse sur le notaire, le devoir de conserver ces documents précieux, de les garder avec
un soin jaloux ; le notaire, à ses fonctions de rédacteur va joindre, avec les obligations nouvelles qu'il
comporte, le rôle de dépositaire.

Entendons-nous : les deux fonctions, ainsi que

1. Rolland de Villargues. *Code du Not.*, p. 126.

nous avons pu le voir dans l'introduction, n'ont pas été, dans le principe, cumulées, si ce n'est au profit des notaires de Paris. C'était le notaire, sorte de substitut du tabellion, qui recevait les actes, c'était le tabellion qui les reportait sur ses registres et en délivrait les expéditions.

Le rôle de rédacteur des actes, ailleurs qu'à Paris, appartenait donc aux notaires ; le rôle de dépositaire et gardien des minutes, aux tabellions.

Nous avons dit plus haut comment les deux fonctions furent réunies en 1597 par un édit d'Henri IV. En conséquence, toutes les obligations qui découlent des fonctions de dépositaire, pesèrent, à partir de ce moment, sur les notaires royaux, et parmi ces obligations, celle qui fait spécialement l'objet de ce titre, l'obligation de veiller au secret des minutes (1).

Nous placerons ici deux observations : la première, c'est qu'aux termes des édits de 1304, de 1437, de 1539, les actes doivent être transcrits sur des registres ou protocoles. Cette pratique, alors imposée par le législateur, est absolument opposée à notre pratique actuelle. Les minutes doivent être dressées non sur des registres (comme aujourd'hui les actes de l'état civil), mais bien sur des feuilles volantes : ce qui rend beaucoup plus facile l'observation du secret des minutes.

Cependant, il est d'usage, dans certaines parties

----

1. Merlin, *loc. cit.*

de la France, de faire relier toutes les minutes à la fin de chaque année. On peut se demander si le procédé est bien légal ? Sans doute, aucun texte ne le défend : mais, le fait n'est-il pas contraire à l'esprit même de la loi ? M. Génébrier signale cet usage comme une bonne précaution qui devrait être généralisée.

« Nous pensons, au contraire, dit M. Amiaud (1), qu'elle ne doit point être suivie ; et, pour ne signaler qu'un des inconvénients de ce mode de procéder, nous demanderons comment fera le notaire qui devra se dessaisir d'une de ses minutes reliées, soit qu'il s'agisse d'une poursuite en faux, ou qu'elle soit réclamée par le tribunal pour servir de pièce de comparaison » (2).

La seconde observation sur la législation ancienne du notariat est ainsi formulée par MM. Rutgeerts et Amiaud : « Avant la nouvelle législation, le dépôt des minutes n'était pas ordonné d'une manière générale, mais seulement dans quelques cas spéciaux. Les actes pouvaient donc être délivrés en brevet, à l'exception de ceux dont la loi ordonnait de garder minute. C'est aujourd'hui la règle inverse qui est adoptée par l'article 20 de la loi organique » (3).

Lorsque nous nous attachons à l'examen de la

---

1. Amiaud sur Rutgeerts, t. II, p. 880, note 2, nous reviendrons sur ce point. Voir *infrà*.

2. C. inst. crim., art. 452 et 454. C. proc. civ., art. 201 et 202.

3. Rutgeerts et Amiaud, *loc. cit.*

déclaration du 7 décembre 1723 et que nous étudions d'autre part l'article 20 de la loi de l'an XI, nous nous demandons si l'antithèse formulée par MM. Rutgeerts et Amiaud est bien aussi caractérisée que l'affirment les éminents auteurs. Encore aujourd'hui, pour déterminer les actes mentionnés par la loi de l'an XI sous cette dénomination générale « autres actes simples qui, d'après les lois, peuvent être délivrés en brevet » les jurisconsultes se reportent à la déclaration de 1723.

Nous croyons, pour notre part, que les actes qui peuvent être rédigés en brevet, sans contravention à l'article 20 de la loi de ventôse, sont plus nombreux qu'on ne pense (1). Ce qui, sans infirmer la doctrine de MM. Rutgeerts et Amiaud, en restreint la portée.

Et si maintenant, nous jetons un coup d'œil d'ensemble sur l'évolution de la profession notariale, non seulement dans le passé, mais dans toute son étendue, nous nous représenterons la loi de ventôse, non pas comme le point de départ d'un état de choses nouveau, mais comme la continuation de traditions que la Révolution avait pu voiler, mais non effacer. Si nous admettons, avec M. Planiol et la plupart des maîtres contemporains, que nos doctrines procèdent d'autant plus naturellement des doctrines anciennes, que les législateurs auxquels nous

---

1. Pouget. *Cédules hypothécaires* (thèse), p. 67 et 68. C'est ainsi qu'il n'est plus contesté que le contrat d'hypothèque puisse être reçu en brevet. Planiol· T. II, n° 2.670.

devons nos institutions juridiques actuelles, étaient tous des praticiens formés sous l'ancien régime, et qui, incapables parfois de se détacher de théories bien surannées et peu dignes d'être conservées, ne pouvaient pas *à fortiori* s'empêcher de conserver l'empreinte d'une formation dont leur expérience leur avait démontré les bons côtés, nous demeurerons persuadé que la méthode la plus efficace pour étudier avec fruit le secret des minutes, c'est de le suivre à travers les âges depuis les premières dispositions qui l'ont consacré.

CHAPITRE II

Le secret des minutes dans l'ancien droit.

Le texte fondamental consacrant le secret professionnel des notaires, et plus spécialement le secret de leurs minutes, est l'article 177 de l'ordonnance de Villers-Cotterets. Cet article, après avoir enjoint aux notaires de garder le secret sur les actes qu'ils passent, — ce qui, soit dit par parenthèse, précise nettement l'intention du législateur et la raison des dispositions qu'il va édicter, — défend à ces mêmes notaires de communiquer les minutes des actes reçus par eux et d'en délivrer des expéditions « à toutes « autres personnes qu'aux parties contractantes, « leurs héritiers, successeurs ou autres, auxquels le « droit desdits contrats appartiendrait notoirement, « ou qu'il en soit ordonné par justice ».

L'interdiction formulée par l'ordonnance de 1539 est triple : 1° Défense au notaire de trahir par des paroles le secret des actes reçus par lui ; 2° Défense de communiquer ses registres ou protocoles ; 3°

---

1. Dufail, livre 1, chap. 42.

Défense de délivrer expédition des actes à tous autres qu'aux parties contractantes ou à certaines personnes substituées aux droits des parties contractantes.

Et la sanction de ces prohibitions est édictée par l'article 179 de l'ordonnance qui veut que « les contrevenants qui auront délinqué par dol évident soient privés de leurs offices et punis comme faussaires.

Un arrêt du 8 mars 1557, rapporté par Dufail, nous présente l'application de cette législation.

« La cour fait défense à tous notaires de ce ressort de délivrer les contrats à autres qu'aux parties contrahantes ; leur enjoignant très expressément d'écrire et parapher de leurs mains en la marge desdits contracts le nom de la partie à laquelle ils auront été délivrés avec le jour de la délivrance » (1).

Lorsqu'une personne qui n'est pas partie dans un acte veut obtenir une expédition de cet acte, il est nécessaire qu'elle demande un *compulsoire*.

Le compulsoire est, à proprement parler, la recherche d'une pièce pour en tirer copie : ainsi, quand on demande à compulser un ou plusieurs titres, c'est demander à être autorisé d'en faire la perquisition par un officier public

Le mot vient du latin *compellere,* obliger, contraindre.

Quelques praticiens avaient soutenu que des lettres de chancellerie étaient indispensables pour auto-

---

1. Denizart. V. *Compulsoire.*

riser les compulsions ; mais cette opinion ne pré-
valut pas. Dans tous les cas, les compulsoires ne
peuvent se faire que par autorité de justice ; il faut
qu'ils soient permis par un arrêt, une sentence, ou
tout au moins par une ordonnance d'un juge compétent ; et il y est procédé par le ministère d'un huissier.

Les notaires de Paris avaient soutenu que, quand
l'officier dépositaire d'une minute qu'on veut compulser offrait de délivrer sur le champ l'expédition
de la pièce, l'huissier n'avait pas le droit de la transcrire dans son procès verbal. De là, un conflit entre
la communauté des notaires et la communauté des
huissiers. Ce conflit soulevé par un notaire, M⁰ Gilet,
que soutenait d'ailleurs tout le notariat parisien, fut
tranché au profit des huissiers par un arrêt au Parlement du 19 mars 1740.

Le Parlement ordonna que « nonobstant l'offre
faite par le notaire Gilet de délivrer au nommé Pas-
quier l'expédition d'une transaction qu'il voulait faire
compulser, la dite transaction lui serait délivrée par
copie collationnée et vidimée par l'huissier porteur
des lettres de compulsoire ».

Cet arrêt se fondait sur ce que l'état de la pièce
consultée se constate beaucoup mieux par un procès-verbal de compulsoire, relativement aux ratures
aux interlignes, aux renvois, etc., que par une expédition dans laquelle on ne fait point ordinairement
mention de ces détails qui, cependant, ont parfois
leur importance.

Ce n'était au fond qu'une « querelle de boutique » qui ne pourrait plus se présenter aujourd'hui en présence des précautions prises, pour éviter tout conflit, par l'article 849 du Code de procédure civile.

Particularité intéressante à noter : lorsqu'un tiers qui n'avait point été partie dans un acte obtenait un compulsoire, il devait payer non seulement l'expédition de l'acte, mais encore le coût de l'acte quand le notaire soutenait qu'il ne lui avait pas été payé originairement (Arrêt du Parlement du 19 octobre 1764).

CHAPITRE III

Le secret des minutes d'après la loi de ventôse an XI

Dans notre droit contemporain les dispositions qui protègent le secret des minutes sont les articles 22 et 23 de la loi du 25 ventôse an XI, ainsi conçus :

« Article 22 : Les notaires ne pourront se dessai-
« sir d'aucune minute, si ce n'est dans les cas prévus
« par la loi et en vertu d'un jugement.

« Avant de s'en dessaisir, ils en dresseront et
« signeront une copie figurée qui, après avoir été
« certifiée par le président et le commissaire du
« tribunal civil (procureur de la République) de leur
« résidence, sera substituée à la minute dont elle tien-
« dra lieu jusqu'à réintégration ».

« Article 23 : Les notaires ne pourront également,
« sans l'ordonnance du président du tribunal de
« première instance, délivrer expédition, ni donner
« connaissance des actes à d'autres qu'aux personnes
« intéressées en nom direct, héritiers ou ayants droit,
« à peine de dommages-intérêts, d'une amende de
« 100 francs, et d'être, en cas de récidive, suspen-

« dus de leurs fonctions pendant trois mois, sauf
« néanmoins l'exécution des lois et règlements sur
« le droit de l'enregistrement, et de celles relatives
« aux actes qui doivent être publiés dans les tribu-
« naux ».

Ces deux articles de la loi de ventôse prévoient
et réglementent trois modes de divulgation des
minutes :

La divulgation très exceptionnelle par la voie de
déplacement de minutes ;

La divulgation orale, par voie de lecture de la
pièce en présence des parties qui en veulent avoir
connaissance ;

La divulgation par voie de délivrance d'une expédition.

D'autre part, les dispositions de la loi de ventôse,
mettent en dehors de la protection du secret professionnel « les actes qui sont destinés à être publiés
devant les tribunaux ».

Dans le but de limiter le champ de notre étude,
nous allons tout d'abord nous demander quels sont
ces actes dont l'article 23 entend parler, et quels sont,
au regard des actes en question, les droits et les
devoirs du notaire.

Actes auxquels ne s'applique pas le secret des minutes.

Quels actes a voulu viser l'article 23 de la loi de l'an XI ? Il est assez difficile de le dire. Les auteurs répondent bien en nommant le contrat de mariage des commerçants. On peut mentionner encore d'autres actes qui ne sont pas secrets, mais qui ne doivent pas être « publiés devant les tribunaux », tels les inscriptions d'hypothèques, les transcriptions de mutations immobilières ; les actes de société sont également astreints à une publicité qui répondrait mieux à la définition de la loi de ventôse, puisqu'elle consiste dans un dépôt au greffe du tribunal de commerce et au greffe de la justice de paix.

Mais, ces mesures de publicité édictées au regard de certains actes sont en général postérieures à la loi de ventôse an XI.

Certes, elle a pu songer aux inscriptions d'hypothèques et aux transcriptions de mutations immobilières, parce que l'on vivait alors sous le régime de la loi du 11 brumaire an VII, et cependant cette loi n'organisait pas une publicité devant les tribunaux. Le Code de commerce n'existait pas, le Code civil n'était qu'en préparation.

On parle encore des dispositions entre vifs ou testamentaires en faveur des hospices, et des établissements de bienfaisance ou d'utilité publique, car le notaire rédacteur ou dépositaire de l'acte, doit aviser les administrateurs de l'établissement avantagé (1) ; mais cette mesure n'a été prescrite que par un arrêté du 4 pluviôse an XII, confirmé par des décrets de 1807 et de 1809.

Nous croyons pour notre part que l'article 23 s'est fait l'écho d'idées qui flottaient dans l'air, sans qu'on pût prévoir la forme définitive qui leur serait donnée, et qu'il a posé le principe d'une dérogation au secret des minutes en vue de dispositions qui pourraient être édictées ultérieurement.

Il y a aujourd'hui incontestablement un certain nombre d'actes, qui doivent être portés de façon ou d'autre, à la connaissance du public. Contrats de mariage des commerçants, séparations de biens, rétablissements de communauté, actes de constitution, de modification, de prorogation, de dissolution de sociétés.

Quelles sont, au regard de ces actes, la portée et les conséquences de la réserve formulée dans l'art. 23 ?

On peut se poser deux questions : 1o Le notaire a-t-il le devoir de délivrer une expédition de ces actes au premier venu qui la lui demande, ou de lui donner lecture de la minute ?

2° Si l'on admet que le notaire n'est pas astreint à cette obligation, en délivrant expédition ou en don-

----

(1) Rutgeerts et Amiaud, t. II, p. 1059.

nant lecture de la minute, encourt-il une responsa-bilité quelconque, pénale, civile, ou disciplinaire ?

A la première question, nous nous croyons autorisé à répondre que le notaire n'est nullement obligé à délivrer une expédition ou à donner lecture de la minute. La loi a organisé un système de publicité. Ce n'est pas pour que les notaires demeurent assié-gés de demandes de renseignements qui, pour n'être plus indiscrètes, ne cesseraient pas d'être importu-nes.

Et nous admettons sans scrupule que le notaire renvoie le curieux ou l'intéressé, à la conservation des hypothèques, au greffe du tribunal de commerce ou de la justice de paix, au siège d'une société dont il veut consulter les statuts. Il n'est pas un des ren-seignements dont il s'agit ici qu'on ne puisse obte-nir sans le secours du notaire.

Mais si le notaire délivrait bénévolement une expé-dition, où s'il consentait à lire l'acte, nous estimons qu'il ne saurait encourir aucune responsabilité d'au-cune sorte.

Où se place en effet le principe de la responsabi-lité ? Dans la divulgation d'un secret confié ; or, il ne peut être question de secret en ce qui concerne des actes dont la loi ordonne la publication.

Remarquons que la prescription de la loi du 10 juillet 1850, qui oblige les époux à déclarer en se mariant, à l'officier de l'état civil, s'ils ont fait un contrat de mariage, et à lui remettre, en cas d'affirmative, le certificat du notaire qui a rédigé le contrat, n'est point une règle de publicité.

Le contrat de mariage demeure parfaitement secret au regard de tous autres que les parties contractantes, mais la mention portée à l'acte de mariage, en avertissant les tiers, permet aux personnes qui auraient à contracter avec les époux de les mettre en demeure de leur faire connaître leurs conventions matrimoniales. Il ne résulte pas du tout de la loi de 1850 que les tiers puissent se mettre en rapport direct avec le notaire. Et celui-ci ne pourrait, sans tomber sous l'application, soit de l'article 23 de la loi de ventôse, soit même sous l'application de l'article 378 du Code pénal, délivrer expédition, donner lecture de la minute, ou faire connaître les clauses du contrat, à moins d'y être invité par les époux eux-mêmes.

Il va sans dire que la responsabilité disciplinaire et civile de l'officier public se trouverait en outre engagée.

M. Planiol, au sujet de la loi du 10 juillet 1850, écrit : « Grâce à ces déclarations inscrites sur des « registres que chacun peut consulter (les registres « de l'état civil), la loi établit une publicité plus com- « plète et plus durable que les affiches ordonnées « pour le contrat de mariage des commerçants. Les « tiers sont ainsi avertis de l'existence du contrat et

« de la résidence du notaire qui l'a reçu, et *chez qui*
« *ils peuvent en prendre connaissance* » (1).

Ils peuvent en prendre connaissance ? soit ; mais
pas sans l'autorisation des contractants. Nous pensons bien que c'est avec cette restriction qu'il faut
entendre les expressions du savant professeur. Sans
cela, le premier venu, sous prétexte qu'il a quelque
affaire à traiter avec les époux, pourrait surprendre
des renseignements qui ne regardent personne.

Ce système n'est pas admis par tout le monde. Nous
lisons en effet dans le *Répertoire* de M⁰ Labori : « Le
tiers qui traitera avec une femme mariée, s'il est prudent, s'informera auprès d'elle, du lieu et de la date
de son mariage, et se fera remettre par l'officier de
l'état civil de la commune où il aura été célébré, un
extrait de l'acte de mariage (art. 45 C. civil). Il y
verra ce qu'il a intérêt à savoir : s'il y est dit que les
époux ont fait un contrat de mariage, il refusera de
traiter, tant que l'expédition ne lui aura pas été communiquée. *Il pourra se la procurer lui-même, puisque le nom et la résidence du notaire seront indiqués dans l'acte de mariage* (2) ».

Si le rédacteur de l'article (3) veut dire par là, que
le tiers pourra obtenir une expédition avec l'autori-

---

1. Planiol. *Traité élémentaire de droit civil*, t. III, p. 810.
2. Labori. *Rép.* V. *Contrat de mariage*, n⁰ 227.
3. M. Poidebard. avocat à la Cour de Lyon.

sation des époux, nous sommes d'accord avec lui ; s'il admet, au contraire, qu'un tiers puisse obtenir cette expédition, sans l'autorisation des époux, nous repoussons nettement sa solution.

Et toute cette question est dominée par une considération de bon sens. La loi n'a point voulu, qu'avant d'engager des pourparlers avec les conjoints, peut-être même sans intention d'en engager, un indiscret pût se mettre au courant des secrets d'une famille.

Nous croyons donc que le notaire qui, sans l'ordre de ses clients, délivrerait une expédition de leur contrat de mariage s'exposerait aux peines de l'article 23, sans préjudice des condamnations disciplinaires et civiles qu'il pourrait encourir.

CHAPITRE IV

Interdiction des communications globales.

Nous avons à fixer un point dont la solution nous
paraît préliminaire à toute étude de détails. Il y a
des cas où la communication des minutes s'impose,
soit parce qu'elle a été demandée par une partie contractante ou par des ayants droit, soit que des minutes doivent être produites à titre de pièces de comparaison dans une procédure de faux incident civil
(art. 236, C. pr. c.), ou même de vérification d'écriture (art. 200 *ibid*), soit encore qu'un compulsoire
ait été ordonné par un juge compétent (art. 846 et
852 *ibid*) ; dans ces divers cas il peut y avoir lieu à
communication sous une forme quelconque, d'une
minute ou de quelques minutes du notaire, mais
jamais à une recherche dans les minutes d'une étude.

Non seulement c'est le droit du notaire de se refuser à toute communication générale, mais c'est son
devoir absolu.

Nous avons vu, dans un précédent chapitre, comment les choses se passaient dans notre ancien
droit, alors que l'inscription des actes sur un registre ou protocole en rendait l'isolement matériel plus
difficile ; un huissier prenait copie de la pièce

Aujourd'hui, aux termes de l'article 849, c'est d'ordinaire le notaire qui procède lui-même et seul (1), soit qu'il délivre expédition, soit qu'il donne lecture ou communication de l'acte, soit enfin qu'il s'en dessaisisse dans les cas exceptionnels, en vue desquels l'article 22 de la loi de ventôse a admis le principe du déplacement de la minute; mais, quoi qu'il arrive, la communication ne peut dégénérer en communication globale. C'est un point qui a été résolu à maintes reprises par les tribunaux (2).

Le compulsoire, que les articles 22 et 23 de la loi du 25 ventôse an XI et les articles 846 et suivants du Code de procédure civile autorisent les tribunaux d'ordonner à l'égard des minutes d'un notaire, ne peut s'appliquer qu'à des actes déterminés (3). Voilà le principe; et il ne comporte à notre sens aucune restriction.

Il avait été méconnu cependant par le tribunal de première instance de Lure, dans des conditions assez curieuses. Il s'agissait d'un acte obligatoire qu'une plaideuse prétendait avoir été signé à Ronchamps, en l'étude d'un notaire de cette localité, et non à Héricourt en l'étude d'un autre notaire; — la demanderesse avait obtenu du tribunal de Lure le compulsoire de toutes les minutes signées dans les

---

1. Voir néanmoins l'article 24 de la loi de ventôse.

2. La décision la plus ancienne sur ce point nous paraît être un arrêt de Grenoble du 2 mars 1850 (Sir. 51.2.84. Gresse).

3. C. de Besançon, 9 décembre 1892, *Revue du Notariat*, n° 9032.

deux études dix jours avant, et dix jours après la date de l'acte incriminé ; cela dans le but de comparer les encres dont on s'était servi pour rédiger et signer ces divers actes, avec celle qui avait été employée pour la signature de l'acte incriminé.

La Cour de Besançon remit les choses au point, en réformant la décision des juges de Lure.

La Cour de Besançon ne faisait d'ailleurs que se conformer à une jurisprudence établie de la Cour de cassation, jurisprudence dont la décision la plus caractéristique est ainsi résumée par les arrêtistes:

« L'arrêt qui autorise, dans un intérêt privé, la communication de tous les actes, livres, registres et papiers d'un notaire, sans prendre aucune précaution pour assurer le secret des opérations faites par le notaire au cours de son exercice, doit être annulé comme contraire au principe du secret professionnel et aux règles établies en matière de compulsoire par la loi du 25 ventôse an XI.

« Il en est spécialement ainsi, ajoute l'arrêt de la décision qui ordonne que tous les actes et papiers d'une étude seront déposés au greffe d'une justice de paix pour y être laissés pendant un temps indéterminé à la disposition d'un tiers qui pourra y faire des recherches pour qui bon lui semblera » (1).

Nulle espèce d'ailleurs n'était mieux faite pour poser la question que celle qui donna à la Cour suprême

---

1. Cass., 18 janvier 1886. *Revue du Notariat*, 7.288. *Journal des Notaires*, 23.584.

l'occasion d'affirmer sa jurisprudence. Il s'agissait de la veuve d'un notaire qui émettait la prétention de faire déposer au greffe, par le successeur de son mari, toutes les minutes de l'exercice de celui-ci, afin qu'elle pût y puiser les renseignements dont elle avait besoin.

Cette prétention avait été admise par le tribunal de Charolles, et, pour des raisons sur lesquelles nous n'avons pas à nous expliquer ici, n'avait pas subi l'épreuve de la Cour d'appel (1).

Cette jurisprudence peut être tenue pour constante ; car, aux solutions que nous venons de relever, et dont l'importance nous paraît décisive, on pourrait encore ajouter :

1° Un arrêt de la Cour de cassation (ch. civile) du 19 janvier 1870, suivi, après renvoi d'un arrêt de la Cour d'Agen du 16 avril 1872 (2), dont le sens est que les tribunaux ne peuvent ni autoriser ni ordonner la communication générale des minutes d'un notaire en faveur d'un intérêt privé.

Le prédécesseur du notaire avait assez mal tenu sa comptabilité — négligence qu'il faisait d'ailleurs retomber sur son clerc — et il demandait seulement

1. Il était bien intervenu à la date du 4 juillet 1883, dans cette affaire, un arrêt de la Cour de Dijon ; cet arrêt d'ailleurs statuait non sur le fond de l'affaire, mais sur une question d'exécution. L'arrêt de Dijon adoptait les principes posés par le Tribunal de Charolles, tant dans son jugement sur le fond, que dans sa décision sur les difficultés soulevées à raison de l'exécution de son premier jugement.

2. Dalloz. 70.1.220 et 72.2.152.

la communication des notes écrites en marge ou au pied des actes afin de constater le paiement des honoraires et frais par lui reçus... La modestie de cette réclamation ne parvint pas à désarmer la rigueur de la Cour (1).

2° Un arrêt de la Chambre des Requêtes du 28 janvier 1874 qui pose en principe que « les textes prescrivant ou permettant, dans certains cas, la communication générale des minutes d'un notaire, ne peuvent être étendus par voie d'analogie à d'autres cas ; spécialement cette communication ne peut être ordonnée à l'appui d'une demande de réduction de prix d'un office et à l'effet de constater la nature, l'importance, l'utilité et la légitimité des actes reçus et la légitimité des honoraires perçus par le vendeur (2). »

Un arrêt de Cour d'appel rendu dans le courant de 1886 faisait surgir et résolvait une question que nous avons effleurée dans un précédent chapitre. Il s'agissait encore du déplacement des minutes, mais cette fois dans un cas où la loi l'autorise spécialement, dans le cas où elles doivent servir de pièces de comparaison au cours d'une procédure de vérification d'écritures. Il fut décidé que :

1. La Cour d'Angers, 23 juin 1847 (D. P. 2.137) a considéré comme une faute de la part d'un notaire, le fait d'avoir laissé dans son étude à la disposition de son prédécesseur, la minute d'un acte reçu par celui-ci. V. n° 2.373. *Rev. du notar.* Jugement du Tribunal de Toulouse, 5 mars 1868 et n° 4.545, obs. prat. de M. Lansel.

2. Dalloz. 74-1-100-101.

« Lorsqu'un arrêt a ordonné que les minutes d'actes notariés seraient déposés au greffe de la Cour pour y servir de pièces de comparaison dans une vérification d'écritures l'exécution de cet arrêt ne saurait être suspendu du fait du notaire, détenteur des dites minutes, sous le prétexte que celles-ci auraient été reliées avec d'autres en divers volumes. Toutefois les parties dans l'intérêt desquelles le déplacement est ordonné doivent indemniser le notaire des frais qu'entraîneraient la destruction et la remise en état des reliures » (1).

La question qui se posait incidemment dans l'affaire est celle de la *reliure des minutes.*

Cette pratique est assez usuelle en Belgique. La preuve c'est que M. Rutgeerts se demande « si un notaire peut faire relier ses minutes hors de chez lui » (2), et il reconnaît qu'on admet assez généralement qu'un notaire peut faire relier ses minutes dans sa propre demeure, car il peut veiller dans ce cas à ce que le secret ne soit pas violé. S'il les faisait relier ailleurs il manquerait à son devoir tant au point de vue du secret que du dessaisissement.

Mais si Rutgeerts constate cette pratique il est loin d'en reconnaître la légalité : « En effet, dit-il, bien que la loi de ventôse ne se prononce pas expressé-

---

1. Cour d'Alger, 5 juin 1886. *Revue du Notariat*, no 7.529, et *Journal des Notaires*, 23.775.

2. Rutgeerts, t. III, n. 987 et ss. — Cette pratique est également répandue dans le Midi de la France.

ment à cet égard, elle a cependant toujours été interprétée en ce sens qu'elle ne prescrit plus l'inscription des actes comme autrefois sur des registres ou protocoles. Chaque acte doit être, aux termes mêmes de la loi, écrit sur des feuilles isolées.

« Cette interprétation consacrée par une lettre circulaire du Grand Juge, Ministre de la Justice du 15 février 1809, résulte implicitement de la disposition de l'article 22 de la loi de ventôse. Par suite il y a lieu de décider qu'il n'est pas permis aux notaires de réunir par la reliure tous les actes de chaque année. Comment, en effet, sans violer le secret dû aux conventions des parties, les notaires pourraient-ils se dessaisir d'un acte dans les cas autorisés par la loi, si tous les actes d'une année étaient reliés en commun ? »

L'arrêt précité d'Alger souligne d'un trait pratique cette théorie de M. Rutgeerts. Remarquons toutefois que la Cour n'admet point l'illégalité de la reliure des minutes puisqu'elle condamne la partie dans l'intérêt de laquelle le déplacement est ordonné à indemniser le notaire des frais qu'entraînent la destruction et la *remise en état* des reliures.

Nous croyons avec la Cour d'Agen, et contrairement à M. Rutgeerts, que la reliure des minutes constitue seulement un inconvénient, mais non une illégalité : nous ferons d'ailleurs cette réserve que les minutes doivent être reliées *chez le notaire*.

CHAPITRE V

Personnes auxquelles la loi concède le droit de requérir expédition ou communication des minutes.

Les personnes auxquelles il peut être délivré expédition ou donné connaissance des minutes sont, aux termes de l'article 23 de la loi de ventôse « *les personnes intéressées en nom direct, héritiers ou ayants-droit.* »

Il importe de préciser le sens de ces expressions. Le projet de l'article 23 portait « personnes intéressées », ce fut sur les observations du Tribunat que ces mots furent remplacés dans le texte définitif par les mots « personnes intéressées en nom direct » dont le sens est plus restreint bien qu'il soit plus compréhensif que le mot « parties contractantes » (1).

« Parties contractantes » c'était trop étroit. « Parties intéressées », c'était trop large. On a pris un moyen terme « Parties intéressées en nom direct »

------

1. Une simple observation fera comprendre pourquoi le législateur ne pouvait se servir du mot «parties contractantes». Un testament authentique n'est pas un contrat : qui donc eût pu en demander la communication, puisqu'il ne peut être question de parties contractantes ?

très bien, mais qu'est-ce que cela veut dire au juste ?

Comme personnes intéressées *en nom direct* nous citerons d'après M. Amiaud :

1° Ceux pour qui on s'est porté fort ; ils peuvent donc demander communication de l'acte avant de le ratifier ;

2° Les légataires. Ils peuvent demander l'expédition du testament (ou plutôt un extrait, comme nous le verrons plus loin) à cause de l'intérêt direct qu'ils ont à l'obtenir, car le testateur seul y est partie ;

3° Le donataire qui n'a pas accepté la donation faite en sa faveur peut demander communication de l'acte avant de l'accepter, car il doit en retirer un avantage direct par la volonté du donateur ;

4° Ceux en faveur de qui le donateur a imposé une charge au donataire et ceux en faveur de qui un testateur a imposé une charge à un légataire ne sont parties ni dans l'acte de donation ni dans le testament, mais ils peuvent demander communication ou expédition (*extrait ?*) de ces actes comme y étant personnes intéressées en nom direct ;

5° Les enfants à naître du mariage en faveur desquels des avantages ont été stipulés dans un contrat de mariage, peuvent, dans la suite, en demander des expéditions quoiqu'ils n'existassent pas encore au moment du contrat, car ils doivent en retirer un avantage direct d'après la volonté de ceux qui ont fait le contrat.

6° Les créanciers au profit desquels on a fait une délégation sur le prix d'une vente ou sur le montant d'une obligation, sont des personnes intéressées en nom direct, qui peuvent demander communication ou expédition de l'acte ;

7° La femme peut, après la dissolution de la communauté et avant de l'accepter, demander copie des actes faits par son mari pendant la communauté, car la loi la considère comme personne intéressée en nom direct ;

8° Les créanciers en cas d'expropriation forcée sont aussi considérés comme personnes intéressées en nom direct aux termes de l'article 10 de la loi Belge du 15 août 1845 sur l'expropriation forcée (1); aucune disposition législative analogue n'existant dans notre pays nous ne pensons pas qu'une décision semblable puisse être donnée en France.

*
* *

On vient de voir que seuls les intéressés *en nom direct* peuvent pénétrer le contenu des actes et en lever des expéditions.

Un individu qui se présenterait chez un notaire prétextant un intérêt *quelconque*, serait évincé s'il n'appartenait pas à la catégorie des personnes intéressées en nom direct (2). Rutgeerts donne une

1. Rutgeerts et Amiaud. T. II, p. 1.038.
2. Rutgeerts et Amiaud. T. II, p. 1.038.

Recullet   4

nomenclature de gens simplement intéressés et n'ayant aucun droit à prendre communication :

1o Les créanciers dont les créances sont mentionnées dans un inventaire ne peuvent pas demander une expédition de cet inventaire, car cette mention est purement énonciative, et elle n'est pas faite dans l'intention de leur reconnaître un droit ; ils ne sont donc pas intéressés en nom direct. Il en serait autrement si les héritiers avaient formellement reconnu leurs créances dans l'inventaire ;

2° Les créanciers n'ont pas le droit non plus de se faire donner communication ni de se faire délivrer des expéditions des actes d'obligation ou autres, passés par leurs débiteurs sous prétexte qu'ils ont intérêt à connaître l'état de leurs affaires ; ils peuvent avoir intérêt à connaître la situation pécuniaire de leurs débiteurs, mais ils ne sont pas personnes intéressées *en nom direct* dans les actes qu'ils ont passés ;

3° Le propriétaire d'une maison qui apprend que son voisin a fait un bail dans lequel il a fait insérer la clause que le locataire doit respecter telle servitude de la maison de son voisin ne peut pas se faire délivrer une expédition de ce bail sous prétexte qu'il y a intérêt, car le bailleur n'a pas fait insérer cette clause dans l'intention de reconnaître un droit de servitude au voisin, mais pour ne pas avoir dans la suite des difficultés avec son locataire ;

4° Ceux qui ne sont appelés à une succession, ni

par la loi, ni par le testament, n'ont pas le droit de se faire communiquer le testament ou d'en demander des expéditions.

Cette matière soulève bien des problèmes délicats ; ainsi l'on peut se demander si un héritier évincé par un testament aurait le droit de demander communication et expédition du titre qui l'évince, et dont certainement il a grand intérêt à connaître la teneur.

Est-il possible de considérer cet héritier évincé comme un « intéressé en nom direct » ?

Il y a sur ce point un arrêt de Paris du 29 avril 1864 (1) qui, confirmant par adoption de motifs un jugement du Tribunal de la Seine, repousse la demande d'un parent qui requérait de Me Meignen, notaire dépositaire, communication ou expédition du testament d'un sieur Lambin. Mais cet arrêt n'est pas concluant parce que dans l'espèce la Vve Perleau demanderesse, ainsi que le jugement et l'arrêt ont soin de le constater, n'était pas appelée *ab intestat* à la succession du *de cujus* (On peut se demander si la décision de la Cour eût été la même dans le cas où la demanderesse eût été l'héritière évincée? M. Amiaud estime que dans cette hypothèse, il serait juridique et équitable d'admettre la communication (2). Et, si faible que soit la valeur d'un argument *a contrario*, on peut soutenir que

1. Sirey, 1864.2.168 (Perleau) ; *J. N.* 18.022.
2. Amiaud sur Rutgeerts, t. II, p. 1.039, n° 2. V. *infra*.

la Cour a implicitement adopté cette solution par cela seul qu'elle a pris la peine de constater, dans les motifs de l'arrêt, que la dame Perleau n'était appelée à l'hérédité ni par le testament, *ni par son degré de parenté*, et que, par conséquent, elle n'était point partie intéressée dans le sens de l'article 23).

Dans le même ordre d'idées, toute communication devrait être refusée à un individu qui se prétendrait héritier, mais qui ne pourrait ou ne voudrait pas justifier de sa qualité (1). C'est ce qui résulte d'un arrêt de cassation du 28 janvier 1835 (2) qui repousse une demande de compulsoire formée par de prétendus héritiers d'une dame Fontaine qui ne fournissaient aucune justification de leurs droits à la succession.

*
* *

Autre question : Doit-on considérer comme partie intéressée en nom direct dans le contrat de mariage de son fils mineur un père qui s'est borné à assister à ce contrat pour valider les conventions et donations qui y étaient contenues ?

La Cour de Gand a décidé la négative par un arrêt du 11 mai 1871 et a déclaré en conséquence que le notaire ne pouvait, sans une ordonnance de justice, lui délivrer une expédition du contrat.

1. Amiaud, *ibid.*
2. Sirey, 1835. 1. 739 (Morin).

*
* *

En revanche, il est incontestable que, si un testament authentique contenait une reconnaissance de dette, le créancier devrait être considéré comme une « partie intéressée en nom direct ».

Mais s'ensuit-il que ce créancier puisse demander la délivrance d'une expédition, ou même un compulsoire du vivant du testateur ?

La négative ne saurait faire de doute ; un testament qui peut être révoqué, devenir caduc aux termes de l'article 1039 du Code civil, n'acquiert la valeur d'un titre qu'au décès du disposant ; et nous n'aurions pas posé cette question si un créancier n'avait eu l'idée singulière de la porter devant le tribunal de Bourgoing, qui d'ailleurs repoussa sa prétention par un jugement très bien motivé du 24 novembre 1897 (1).

Un sieur Drivon, créancier de la succession d'un sieur Jean Jouffroy, s'était avisé de demander la communication du testament par acte public du père encore vivant de son débiteur, sous prétexte que ce testament devait contenir une reconnaissance de la dette.

Le tribunal rappela au demandeur « que les légataires, ou les personnes désignées dans un testament

____

1. *Revue du notariat*, n° 10087.

ne peuvent en aucun cas en obtenir la communication du vivant du testateur : que la nécessité de protéger l'expression des dernières volontés contre toute divulgation prématurée dans l'intérêt de la sécurité du testateur et de la paix des familles explique et justifie amplement cette interdiction ».

Par application des mêmes principes nous déciderions que le tuteur d'un interdit ne peut obtenir communication d'un testament fait par son pupille avant l'interdiction.

Ici pourtant il se présente une objection. Le testateur lui-même, s'il était *integri status*, aurait le droit incontestable de se faire donner connaissance de son propre testament ; or, le tuteur exerce les droits de son pupille. Il semblerait donc qu'il peut exercer, au même titre que tous les autres, le droit de se faire communiquer le testament en question.

La raison que donne M. Amiaud en faveur de la négative : « que le testament est un acte exclusivement personnel, et que le tuteur ne saurait être, dans la circonstance, considéré comme mandataire légal, puisqu'il n'a pas agi dans l'acte, et qu'il n'est pas davantage un ayant-droit, car il n'a aucun intérêt direct à ce testament (1) ». Cette raison, dirons-nous, ne nous suffit pas.

Si le tuteur de l'interdit pouvait demander la communication du testament de son pupille ce ne serait

1. Sur Rutgeerts, t. II, p. 1046 à la note.

pas en qualité de mandataire, ni en qualité d'ayant-
droit, c'est parce qu'il serait *considéré comme l'interdit lui-même.*

Mais on peut justifier la solution de M. Amiaud
par un autre argument.

Le droit de tester est du nombre de ceux dont
l'exercice ne peut être délégué. Et l'espèce d'identi-
fication qui se produit entre la personne de l'interdit et de son mandataire légal (le tuteur) laisse en
dehors d'elle trois actes essentiellement personnels :
le mariage, la reconnaissance d'un enfant naturel,
le testament (1). Quel que soit le parti que l'on
prenne dans la controverse sur la validité de ces
actes, il est un point sur lequel tout le monde est
d'accord : c'est que le tuteur ne peut pas les faire
pour l'interdit.

Il est donc, quant à ces actes, un étranger et doit
être traité comme tel. Voilà, à notre sens, la vraie
raison pour laquelle il n'est pas admis à se faire donner communication du testament de l'interdit.

Que l'on considère d'ailleurs que l'interdit pourra,
avant sa mort, obtenir mainlevée de l'interdiction,
et faire des dispositions nouvelles. Le testament
qu'il a fait doit donc bénéficier de ce secret qui
enveloppe les dispositions de dernière volonté, tant
que le décès du disposant ne leur a pas imprimé
un caractère définitif.

1. **V.** Demolombe, t. VI, no 49.

Que faudrait-il décider en ce qui concerne un testament authentique révoqué par un testament postérieur, ou par un acte de révocation reçu conformément à l'article 1035 du Code civil, ou un testament devenu caduc aux termes des articles 1039-1043 dont l'expédition ou la communication serait demandée après le décès du testateur ?

Si des dispositions de ce testament, il ne reste rien, le testament n'a plus à nos yeux d'autre valeur que celle d'une confidence, ou du projet d'un acte auquel il n'a pas été donné suite, et la solution à donner est celle qui sera exposée plus loin au sujet de cette sorte de documents (1).

Mais la question devient délicate, si le testament révoqué ou caduc contient quelque disposition destinée à lui survivre, la discussion s'élève spécialement à l'occasion :

1° Des reconnaissances d'enfant naturel ;

2° Des reconnaissances de dettes.

Reconnaissance d'un enfant naturel dans un testament authentique révoqué ou caduc. — Dans l'opinion de ceux qui prétendent que la reconnaissance d'un enfant naturel par un testament révoqué ou caduc ne produit aucun effet, la difficulté se trouve écartée par une sorte de question préalable. Et il faut dire que c'est là une opinion très soutenue (2).

---

1. Voyez *infra*, titre III.

2. Loiseau, p. 468. Merlin. Rép. V° *Filiation*, n° 7 et *Testam.* Section 2, paragr. 6, n° 3. Richefort. *Paternité*, p. 264.

Mais, l'opinion contraire compte aussi de nombreux défenseurs : pour ces jurisconsultes la reconnaissance d'un enfant naturel dans un testament authentique survit à la révocation ou à la caducité du testament dans lequel elle est contenue (1). Et cette doctrine a été admise par des arrêts déjà anciens (2) ; il n'en existe pas de récents sur la matière.

Elle est également formulée avec quelques réserves, par Demolombe, t. V, n° 455. Laurent, t. IV, n° 85. Mourlon, t. I, n° 952 et ss., pour le cas où l'acte est avant tout une reconnaissance d'enfant naturel, contenant accessoirement une disposition testamentaire, comme par exemple l'acte ainsi conçu : « J'institue X... mon fils pour légataire universel ». La survivance de la reconnaissance à la révocation du testament a été admise dans ces conditions par un jugement du tribunal civil de Villefranche du 27 juillet 1881 (3).

C'est donc une question avec laquelle il faut compter, et pour notre part, nous n'hésitons pas à dire que les parties intéressées en nom direct (l'enfant reconnu, ses héritiers, ses ayants-droit) ont le droit d'obtenir une expédition ou une communication de la minute du testament révoqué ou caduc.

---

1. En ce sens, Duranton. T. III, n° 219. Baudry-Lacantinerie. T. I, no 897. Aubry et Rau, § 568 *quater* texte et note 2 ; Rolland de Villargues. V° *Reconn. d'enfants nat.*, n° 55. Magnin, t. I, n° 223.

2. Cass. 27 août 1811 (S. et P. Ch.). Bastia, 5 juillet 1826 (D. 27.2.65). Bastia, 17 août 1829 (S. et P. Chr.).

3. *Gazette du Palais* (82.1.42). Planiol. T. I, n° 2237. Baudry-Lacantinerie. *Des personnes.* T. III, n° 656.

Nous admettons au contraire très bien avec un arrêt d'Amiens du 9 février 1826 (1), que *du vivant du testateur*, on ne peut se prévaloir de la reconnaissance par lui consignée dans un testament authentique qu'il a révoqué depuis, à l'effet d'obtenir des aliments.

Le testament doit, pendant toute la vie du testateur, être enveloppé, quelles que soit les dispositions accessoires qu'il peut contenir, d'un mystère impénétrable.

Reconnaissance de dette consignée dans un testament révoqué ou caduc. — Nous nous heurtons encore cette fois à une question controversée.

Il y a trois systèmes sur ce point : Le premier, pose en principe que lorsque le testament est révoqué ou caduc, il ne subsiste rien de la reconnaissance de dette qui y a été insérée.

Le second, très peu soutenu, conserve à la reconnaissance de dette toute sa valeur.

Enfin, un troisième système attribue à la reconnaissance de dette contenue dans un testament révoqué ou caduc, la valeur d'un commencement de preuve par écrit. Cette doctrine a été consacrée par un arrêt de la Cour de Nîmes du 9 décembre 1822 (2).

Pour les partisans du second et du troisième système, la nécessité s'impose de décider qu'après le

1. V. Dalloz. *Jurisp. gén.* V° *Paternité et filiation*, n° 597.
2. Dalloz. Rép. V° *Disp. entr.-vif. et testam.*, n° 4.309.

décès du testateur, le créancier aura le droit de requérir la communication de la minute ou la délivrance d'une expédition du testament, malgré la révocation, ou la caducité qui en a atteint les *dispositions* principales (1).

*
* *

Pouvons-nous, en nous inspirant de la doctrine et de la jurisprudence, donner maintenant une définition des personnes *intéressées en nom direct ?*

Ce seraient, d'après MM. Rutgeerts et Amiaud, les personnes qui, bien qu'elles ne figurent pas à l'acte, doivent en retirer un avantage direct par la volonté des contractants, du testateur et de la loi même (2).

Nous acceptons cette définition, un peu faute de pouvoir en trouver une autre, et surtout à raison de la grande autorité des auteurs qui l'ont formulée. Mais nous regrettons de ne trouver dans aucun arrêt un criterium satisfaisant.

Peut-être, pourrions-nous dire, en nous écartant très peu de la définition de MM. Rutgeerts et Amiaud, « les parties intéressées en nom direct sont les personnes qui peuvent fonder un droit sur un acte, et auxquelles cet acte, ou partie de cet acte, servirait de titre pour faire valoir leur droit en justice ».

1. A rapprocher le jugement du Trib. de Bourgoing du 24 novembre 1897 cité *supra* dont on peut tirer un argument *a contrario*.

2. Rutgeerts et Amiaud. T. II, p. 1037.

De là cette conséquence que nous avons cru apercevoir dans les arrêts précités de 1835 et de 1864, que le notaire ne doit pas délivrer expédition ou donner communication d'une minute à une personne non partie à l'acte qui ne demande à en avoir connaissance que dans le but de l'attaquer.

Mais, si c'est ainsi qu'il faut entendre l'expression « partie intéressée en nom direct », il n'y a pas lieu d'admettre, en ce qui concerne l'arrêt de Paris du 28 avril 1864 précité, la distinction de M. Amiaud que nous avons placée entre parenthèses (1). La personne appelée à la succession *ab intestat* qui demande la communication ou l'expédition d'un testament qui l'évince, n'est ni une personne « qui doive retirer de ce testament un avantage », comme le dit M. Rutgeerts, ni comme nous le disons nous-mêmes « une personne à laquelle le testament (dans son ensemble ou dans une de ses parties) pourrait servir de titre ». Qu'elle vienne ou non en ordre utile à l'hérédité *ab intestat*, elle n'a, pas plus dans un cas que dans l'autre, droit à la délivrance d'une expédition.

L'expression « parties intéressées en nom direct » est si peu claire, son sens est si peu défini et cette matière est hérissée de tant de difficultés, que l'on ne saurait recommander aux notaires trop de prudence.

1. V. *Suprà*, p. 55.

Les peines sévères édictées par le législateur contre les officiers publics qui donneraient communication de leurs minutes à toutes autres personnes que les « intéressés en nom direct» prouvent toute l'importance qu'il a attaché au secret.

Au moindre doute, le notaire, d'après MM. Rutgeerts et Amiaud, ferait bien d'exiger une ordonnance du président du Tribunal.

Cela suffirait-il pour le couvrir? Et jusqu'à quel point le président pourrait-il consentir à abriter le notaire de son autorité? Le problème ainsi posé revient à la question de savoir si un compulsoire peut être autorisé par une simple ordonnance de référé. C'est une question qui sera traitée au chapitre suivant.

*
* *

Nous venons de voir ce qu'on entend par « intéressé en nom direct ».

Que faut-il décider à l'égard de ceux qui ne sont intéressés qu'à une partie de l'acte?

Les notaires en général (et nous sommes de cet avis) pensent qu'il ne doit être remis qu'un extrait à ceux qui ne sont intéressés qu'à une partie de l'acte.

Mais on nous répond : « que lorsque la loi organique a dit : qu'elle donnait aux personnes intéressées en nom direct, à leurs héritiers ou ayants-droit la faculté de demander une *expédition* de l'acte, le mot *extrait* n'a pas été prononcé (art. 23 de la loi organique et art. 839 C. pr. civ.) ».

On nous dit encore (Rutgeerts et Amiaud) : « que dans un acte, toutes les dispositions se lient au point qu'une clause, qui semble à première vue inutile et sans intérêts pour la partie extraite, peut modifier tout à fait la position des parties intéressées, ainsi que leurs droits respectifs.

Qu'aucune disposition légale n'autorise le notaire à se constituer juge de la question de savoir si les clauses qui précèdent ou qui suivent n'ont aucune influence sur celles qu'il veut bien extraire ».

Ces auteurs concluent que ceux qui ne sont intéressés qu'à une partie de l'acte peuvent demander une *expédition entière*.

Ils s'appuient sur un arrêt de Dijon du 21 janvier 1847. Aux termes de cet arrêt, un notaire ne peut refuser la délivrance d'une expédition entière d'un contrat de mariage au cessionnaire d'une rente viagère constituée dans ce contrat.

Ils invoquent aussi, quoiqu'un peu timidement, une circulaire du Garde des Sceaux du 7 juin 1882 qui prescrit aux notaires de délivrer non pas un extrait, mais une *copie entière* des testaments aux légataires lorsqu'il s'agit de legs faits aux pauvres, aux hospices, aux établissements d'utilité publique (1).

Il y a même une seconde circulaire dans ce même sens du 3 novembre 1888 (2).

Un jugement de Brignoles du 13 août 1856 a adopté cette doctrine (3), elle est enseignée par un certain nombre d'auteurs (4).

Nous ne croyons point devoir nous y rallier : « Il y a dans l'espèce, dit Dalloz, deux choses à concilier : le secret des actes et le droit pour les intéressés de connaître les clauses qui les concernent ; la faculté reconnue aux notaires de délivrer des expéditions partielles contenant toute la partie de l'acte qui intéresse le demandeur est le seul moyen d'opérer cette conciliation. D'une part, le réclamant obtient tout ce qu'il a intérêt à connaître et, d'autre part, les

1. *Décret du 30 juillet 1863.* « Tout notaire dépositaire d'un testament contenant un ou plusieurs legs au profit des communes, des établissements publics.... devra transmettre au préfet un état sommaire de l'ensemble des dispositions.

Circulaire du Ministre de l'Intérieur du 8 août 1863 : « Les notaires devront adresser un état sommaire des dispositions contenues dans l'acte (nous faisons remarquer qu'il ne s'agit pas de copie intégrale) pour que les préfets puissent statuer de l'ensemble des dispositions du même testateur

Circulaire du Garde des Sceaux du 7 juin 1882 : «...... Je suis informé que les notaires ne transmettent que rarement aux préfets l'état sommaire, etc., etc., et qu'ils ne délivrent à chaque légataire qu'un extrait du testament, etc., etc... » Le Garde des Sceaux invite les préfets à réclamer aux notaires des expéditions complètes.

V. Décret 1er février 1896. *J. N.* 25.899.

V. *Circul. Min. Intérieur* du 20 mars 1896. *J. N.* 26.140.

2. *Journal des Notaires,* art. 22.770.

3. *Journal des Notaires.* N° 7466.

4. Génébrier, p. 490 ; Bastiné. N° 228. *Revue du notariat.* N° 1638.

dispositions de l'acte restent inconnues à tous ceux auxquelles elles sont étrangères ».

Les circulaires du Garde des Sceaux nous touchent peu, d'abord parce qu'elles n'ont que l'autorité relative qui s'attache à cette sorte de documents, ensuite parce qu'elles se réfèrent à un cas particulier (legs à des hospices ou établissements de bienfaisance) et que les ministres eux-mêmes n'ont peut-être pas entendu leur attribuer une portée générale.

La Cour de cassation a rendu, le 11 février 1868, un arrêt très net sur la question (1) :

« Attendu, dit l'arrêt, que la demande formée par
« la veuve Riant en qualité de tutrice de ses enfants
« mineurs, avait uniquement pour objet la délivrance
« d'une expédition entière du testament de Désiré
« Riant, expédition que le notaire Dufour croyait ne
« devoir délivrer à la veuve Riant que pour la partie
« du testament concernant les deux legs particuliers
« faits par le testateur au profit de Joséphine et de
« Ferdinand Riant ses enfants ;

« Attendu que l'article 23 de la loi du 25 ventôse
« an XI, et l'article 839 du Code de procédure civile,
« en prescrivant aux notaires de délivrer expédition
« des actes dont ils sont dépositaires aux parties
« intéressées en nom direct, héritiers, ayants-droit,
« n'ont pas ajouté que ces expéditions seraient dans
« tous les cas une reproduction complète de toutes
« les dispositions que ces actes pouvaient contenir.

1. Sirey 1868. 1. 108.

« Que dès lors l'arrêt attaqué a pu, sans violer les
« lois ci-dessus citées, décider que le notaire Dufour
« avait suffisamment rempli les obligations qu'elles
« lui imposaient, en offrant à la veuve Riant expédi-
« tion de la partie du testament de son beau-frère
« concernant les legs particuliers faits par ce dernier
« au profit de ses enfants, alors que l'arrêt consta-
« tait en fait que cette expédition partielle assurait
« entièrement les intérêts des légataires particuliers
« et qu'une expédition plus étendue serait pour
« eux sans aucune utilité... »

Cette jurisprudence qui nous paraît d'une logique
inattaquable était déjà celle d'un arrêt de Paris du
16 juillet 1866 (1) et d'un arrêt de la Cour de cassation du 11 février 1868 (2), et elle a été suivie depuis
par un jugement du tribunal de la Seine du 4 juillet
1873 (3).

Mais il importe ici de ne pas se laisser égarer par
une confusion. Une partie intéressée *en nom direct*
n'a droit qu'à la communication de la partie de
l'acte qui l'intéresse, et le notaire ne devra lui délivrer qu'un extrait; mais il n'en est pas de même en
ce qui concerne une partie contractante (ou, ce qui
revient au même, l'héritier d'une partie contractante).

Et c'est à tort que l'on présenterait comme contraire à la jurisprudence qui vient d'être exposée un

1. M. N., 1866, p. 391 ; J. N. 18.559.
2. J. N., 19.172.
3. *Rev. du Notariat*, n° 4398. J. N. 20.845.

jugement du tribunal civil de Gray du 30 décembre 1896 (1) aux termes duquel : « Le notaire dépositaire de la minute d'un contrat de mariage est tenu d'obtempérer à la réquisition qui lui est faite par l'héritier de celui qui y a figuré comme donateur : il ne lui suffit pas de délivrer un extrait *parte in qua* de cet acte, sous prétexte qu'un pareil extrait contient tout ce qui, dans l'acte, intéresse réellement le réclamant ».

Il s'agissait du contrat de mariage des époux de Jouffroy du Breuil, auxquels une donation par contrat de mariage avait été faite par le marquis et la marquise de Jouffroy d'Abbans.

Parties contractantes, M. et Mme de Jouffroy d'Abbans avaient un droit évident de se faire délivrer une expédition entière de l'acte. Eux décédés, le même droit revenait nécessairement aux continuateurs de leur personne, par conséquent à la dame Rocant, leur héritière.

*
* *

Nous terminerons ce chapitre en ajoutant seulement quelques mots, pour préciser ce qu'il faut entendre par les « héritiers ou ayants-droit des parties intéressées en nom direct » auxquels, d'après l'article 23 de la loi organique, délivrance d'expédi-

---

1. *Revue du Notariat,* n° 9781. *Journal des Notaires,* 26.249.

tion ou communication est due comme à ces parties elles-mêmes.

Par les mots héritiers, la loi désigne non seulement les héritiers *ab intestat*, mais les autres représentants du défunt comme les légataires universels et à titre universel, et les institués contractuels, — à condition bien entendu qu'ils justifient de leur qualité et de leur identité s'ils ne sont pas connus du notaire.

Quant aux ayants-droit ce sont ceux qui viennent à titre particulier aux droits d'une partie, ce qui comprend :

1º Les légataires d'un objet particulier : ils ont qualité pour se faire délivrer expédition de tous les titres de propriété concernant la chose qui fait l'objet de leur legs ;

2º Les acquéreurs d'un immeuble : ils pourraient se faire délivrer non seulement les titres établissant les droits des propriétaires antérieurs, mais même les baux faits par leur auteur. Nous ne croyons pas qu'ils pourraient, sans un compulsoire, réclamer les expéditions d'anciens baux faits, avant l'acquisition de la propriété par leur auteur direct, par d'anciens propriétaires ;

3º Les cessionnaires d'une part héréditaire : ils ont droit de se faire délivrer toutes expéditions qui auraient pu être requises par leurs cédants ;

4º Nous en dirons autant du cessionnaire d'une créance.

Peu importe d'ailleurs que le cessionnaire d'un

droit quelconque vienne aux droits du cédant par un acte authentique ou par un acte sous seing privé.

Un mandataire ou un tuteur, peut-il demander l'expédition d'un acte qu'il n'a passé qu'en cette qualité ?

L'affirmative est enseignée par Loret (1), par Gagnereaux (2), mais nous ne la croyons pas juridique. Sans doute, comme représentants de leurs pupilles, ou de leurs mandants, les mandataires et tuteurs peuvent, pour l'exécution même de leur mandat conventionnel ou légal, lever des expéditions des actes qu'ils ont faits ès-qualités ; mais le jour où leur mandat a cessé, les droits qu'ils exerçaient en leur qualité respective s'évanouissent : ils deviennent étrangers à l'acte dans lequel ils ont comparu ; et par conséquent ils n'en peuvent obtenir communication ou expédition que dans les conditions prévues et avec les formes prescrites par l'article 23 de la loi organique (3).

Les tuteurs et les mandataires ne sont pas en effet des *ayants-droit :* tant que leurs fonctions subsistent, leur qualité est celle de partie contractante. Le jour où leurs fonctions ont pris fin, ils ne sont plus rien du tout, que des tiers qui, à raison de leur responsabilité, sont intéressés (mais non pas en nom direct) à l'acte, et par conséquent qualifiés pour solliciter et obtenir un compulsoire.

1. *Science notariale,* t. I, p. 366.
2. Gagnereaux, t. I, p. 461.
3. Rutgeerts et Amiaud, t. II, p. 1045.

CHAPITRE VI

La procédure de compulsoire.

La procédure de compulsoire a pour but de contraindre un notaire à délivrer une expédition ou à donner communication d'une pièce à une personne qui ne peut être considérée comme étant intéressée « en nom direct ». Nous avons dit comment cette procédure se pratiquait dans notre ancien droit.

Il ne faut pas confondre avec la procédure de compulsoire, l'instance par laquelle une personne qui prétend avoir droit à une communication ou à une délivrance d'expédition, demande la condamnation d'un notaire à communiquer la pièce ou à en délivrer l'expédition.

Les procès de cette nature sont faits par des personnes qui se prétendent parties intéressées en nom direct et qui plaident l'illicéité de la résistance du notaire. C'est à cette catégorie de litiges que se rapportent les arrêts de 1835, de 1868, de 1871 et le jugement du Tribunal de la Seine de 1873 cités plus haut.

Celui qui demande un compulsoire ne se prétend

pas « partie intéressée en nom direct », mais simplement « partie intéressée ». Il reconnaît la légalité de la résistance du notaire, mais il prétend être dans un cas où l'officier public peut être affranchi du secret des minutes. Il demande non une condamnation contre le notaire, mais une autorisation pour celui-ci de communiquer, sous une des formes prescrites par la loi, des actes qu'il n'aurait pu divulguer sans cette autorisation.

La question de savoir si un compulsoire peut être demandé par voie principale, est controversée. L'affirmative a été enseignée par Berriat-Saint-Prix, Chauveau, Sébire et Carteret.

Mais elle a trouvé des adversaires dans la doctrine : Carré, Pigeau, Favard, Thomine-Desmazures, et elle a été plus d'une fois repoussée par les tribunaux :

D'abord par de vieux arrêts de Paris de 1809 et de 1810 (1) ; par un arrêt de Rouen du 13 mars 1826 (2).

Cette seconde doctrine nous paraît plus en harmonie avec les textes. En effet le Code de procédure ne semble nullement prévoir la possibilité d'une demande principale de compulsoire :

« Article 846 : Celui qui, *dans le cours d'une ins-« tance*, voudra se faire délivrer expédition ou extrait

---

1. Dalloz, *Répertoire*. V. *Compulsoire*. N⁰ˢ 23 et 25-1 ° (arrêts du 4 juillet 1809 et du 8 février 1810).
2. Sirey, 26.2.295 (Riquier).

« d'un acte dans lequel il n'aura pas été partie, se
« pourvoira ainsi qu'il va être réglé.

« Art. 847 : La demande à fin de compulsoire sera
« formée par requête d'avoué à avoué portée à l'au-
« dience sur simple acte et jugée sommairement sans
« aucune procédure.

« Art. 848. Le jugement sera exécutoire nonobs-
« tant opposition ou appel. »

Pas de trace dans tout cela d'une demande de
compulsoire à titre principal ; pas de réserve qui
laisse supposer que le législateur ait envisagé cette
hypothèse.

Il y a d'ailleurs, selon nous, une considération
d'ordre supérieur qui milite en faveur de la solution
négative. Pourquoi demanderait-on un compulsoire
lorsqu'aucun procès n'est engagé ? Pour en faire
un. C'est dans un but purement agressif que l'on
essaierait d'obtenir, pour ainsi dire à tout hasard,
cette violation du secret des minutes. C'est là une
arrière-pensée dont les tribunaux ne peuvent se faire
les complices.

La solution que nous donnons à cette question
nous conduit à en examiner une autre. Le Président
pourrait-il prescrire un compulsoire par une ordonnance de référé ?

Il semblerait, en présence des termes de l'article 23
de la loi de ventôse an XI, que l'affirmative ne peut
faire aucun doute.

Art. 23 : « Les notaires ne pourront... sans l'or-

« donnance du Président du Tribunal... délivrer
« expédition ni donner connaissance des actes à d'au-
« tres qu'aux personnes intéressées en nom direct... »
D'où l'on peut conclure *a contrario*, qu'en se munis-
sant d'une ordonnance du Président du Tribunal, un
tiers pourra obtenir une expédition d'un acte auquel
il est étranger.

Et nous venons de voir d'autre part qu'aux termes
d'une jurisprudence et d'une doctrine qui nous
paraissent bonnes, un compulsoire ne peut être
demandé par une instance principale.

Le Président du Tribunal pourrait donc faire à lui
tout seul ce qui serait impossible au Tribunal tout
entier ?

Désespérant de triompher de l'antinomie qui
semble exister entre l'article 23 de la loi organique
et les articles 846 à 848 C. pr. civ., d'excellents auteurs
n'hésitent pas à admettre que l'article 847 a modifié l'article 23 (1).

MM. Rutgeerts et Amiaud, au contraire, admettent
que l'article 846, qui ne s'occupe du compulsoire
que dans le cas où il est demandé au cours d'une
instance, n'a rien de prohibitif, que la seule formalité à remplir pour obtenir l'expédition d'un acte
dans lequel on n'a pas été partie, est une requête au
Président du Tribunal, et que le notaire est pleine-

1. Carré sur Chauveau, quest. 2876. Berriat-Saint-Prix, p. 660. N° 16.
Sébire et Carteret. *Encyclopédie du droit.* V° *Compulsoire.* No 21.

ment à couvert lorsqu'il délivre une expédition en vertu d'une ordonnance.

Quoiqu'absolument attaché à la doctrine qui n'admet pas qu'un compulsoire puisse être demandé par voie principale, nous ne pensons pas qu'il y ait entre l'article 23 de la loi organique et l'article 846 C. pr. civ. un antagonisme irrémédiable.

Trois hypothèses seraient à considérer : 1° Il y a procès : le compulsoire peut être demandé par voie incidente (846 C. proc. civ.) ;

2° Il n'y a pas procès, mais les parties contractantes ne consentent pas à la délivrance de l'expédition par le notaire. Le compulsoire est impossible, et ne peut être ordonné, ni par un jugement ni par le Président du Tribunal statuant en référé ;

3° Les parties contractantes ne s'opposent pas à la délivrance, et il n'y a à vaincre que les scrupules du notaire : une ordonnance du Président suffit, mais elle est nécessaire, le notaire n'ayant pas qualité pour délivrer sans elle une expédition (art. 23).

Si l'on n'admettait pas cette distinction on aboutirait à cette conclusion paradoxale « qu'il faut aux parties intéressées un jugement pour obtenir une mesure qui pourrait être accordée à des tiers quelconques par une simple ordonnance du président du Tribunal ».

Nous ne considérons pas comme en opposition complète avec notre théorie un arrêt de Nancy du

31 octobre 1896 que nous croyons bien être le plus récent sur la matière (1).

La Cour a d'ailleurs rejeté, comme n'étant pas fondée sur un intérêt légitime et actuel, la demande de communication, mais elle pose en principe d'une part que l'article 846 du Code de procédure civile n'est pas inconciliable avec l'article 23 de la loi de l'an XI — ce que nous admettons nous-mêmes, — d'autre part que le Président du Tribunal, d'une manière générale, aurait le pouvoir d'accorder à un tiers intéressé la communication ou la délivrance d'une expédition d'un acte notarié, ce que nous n'admettons qu'avec des réserves.

La Cour, qui a rejeté la demande de communication, se trouvait précisément en présence de l'hypothèse dans laquelle nous ne croyons pas que l'ordonnance du Président du Tribunal suffise à autoriser la délivrance d'une expédition, c'est-à-dire au cas où une partie contractante s'oppose à cette délivrance.

L'appel de l'ordonnance du Président avait été interjeté par le sieur Douzain dont une demoiselle Lieber, se prétendant créancière, voulait connaître le contrat de mariage.

En droit, la Cour admet le pouvoir du Président, tout en repoussant en fait, l'usage que ce magistrat en a fait dans l'espèce. Nous allons plus loin, en ce sens que nous contestons le pouvoir du Président,

____

1. *Revue du notariat.* N° 9730. *Journal des notaires,* 26219.

dans le cas où une partie contractante s'oppose à la délivrance de l'expédition (1).

*
* *

Lorsqu'un compulsoire a été obtenu, c'est d'ordinaire le notaire lui-même qui dresse le procès-verbal. Cependant, aux termes de l'article 25 de la loi organique, le Tribunal qui a ordonné la mesure peut commettre un de ses membres ou tout autre juge, ou un autre notaire.

Ce n'est pas sans quelque peine que les législateurs de l'an XI sont parvenus à cette formule. L'article 25 n'a pas passé par moins de trois rédactions avant d'acquérir sa forme définitive.

« En cas de compulsoire, portait la première rédaction, l'expédition requise sera délivrée par le notaire dépositaire de l'acte, sauf au requérant à se faire assister, si bon lui semble, par un second notaire ou par un autre officier ministériel ».

Dans la seconde et la troisième rédaction on avait écarté l'assistance du second notaire ou la présence d'un autre officier ministériel (avoué, huissier). Le Tribunat fit observer que, si le compulsoire était dirigé contre le notaire lui-même, il ne conviendrait pas que ce fut lui qui dressât le procès verbal (2).

La rédaction actuelle fut enfin adoptée ; elle écar-

1. En notre sens. Conf. Boitard sur art. 846 C. P. civ.
2. Rutgeerts et Amiaud. T. 2, p. 1102.

tait les officiers ministériels autres que les notaires, mais elle admettait le procès verbal dressé par un juge, ou par un autre notaire.

Mais, le procès verbal ne doit pas être confondu avec l'expédition. Celle-ci, dans tous les cas, doit être dressée par le notaire lui-même : — à la différence de ce qui se passait dans notre ancien droit, où, comme nous l'avons vu plus haut, copie de l'acte compulsé était prise par l'huissier de la partie qui avait obtenu le compulsoire.

Le procès verbal est une pièce authentique qui constate : 1° la comparution de la partie requérante ; 2° ses réquisitions ; 3° la production de la grosse du jugement qui a ordonné le compulsoire ; 4° la sommation à la partie adverse d'avoir à assister à l'opération ; 5° l'annexion au procès verbal de la grosse et de la sommation précitées ; 6° la production de la minute ; 7° la copie du document ou de la partie qui en a été extraite ainsi que la collation de cette copie avec la minute.

L'usage est de mentionner sur la minute la délivrance de l'expédition intégrale ou de l'extrait ainsi que du jugement qui l'a ordonnée (1).

L'opération se passe en l'étude du notaire dépositaire de la minute, puisque les minutes ne doivent pas être déplacées. C'est pourquoi l'article 25 a soin de dire que le tribunal peut commettre, soit un de ses

----

1. Gagneraux, p. 444.

membres, soit tout autre juge (expression qui comprend même les juges de paix).

Il peut en effet arriver que le compulsoire soit ordonné par un tribunal autre que celui dans le ressort duquel le notaire dépositaire exerce ses fonctions.

*
* *

De la communication oculaire. — Les parties intéressées en nom direct ont-elles le droit de prendre connaissance oculaire de la minute ?

Cette question a fait l'objet d'une controverse assez vive.

Un premier système conclut à la négative. Il s'appuie d'abord sur un argument de texte : l'article 852 du Code de procédure civile, disent les partisans de ce système, porte que : « Les parties pourront collationner l'expédition ou la copie à la minute dont lecture sera faite par le dépositaire ; si elles prétendent qu'elle n'est pas conforme à la minute, il en sera référé, au jour indiqué par le procès verbal, au président du tribunal lequel fera collation ; à cet effet le dépositaire sera tenu d'apporter la minute ».

Vous voyez bien, disent les champions de cette théorie, que le notaire a le droit, peut-être même le devoir de refuser la communication oculaire ; car sans cela il serait bien inutile de déranger le président du tribunal et d'imposer à la partie requérante la nécessité de payer au notaire une vacation dont, aux termes de la disposition finale de l'article 852, les frais doivent être à sa charge.

D'ailleurs, ajoutent-ils, la communication peut être dangereuse. Et si la partie requérante lacérait ou jetait au feu la minute ! cela s'est vu, le notaire encourrait une grave responsabilité (1).

Dans un second système on se fonde, pour soutenir que la communication oculaire peut être exigée, sur l'article 1334 du Code civil : « Les copies, lorsque le titre original subsiste, ne font foi que de ce qui est contenu au titre, *dont la représentation* peut toujours être exigée ».

La « *représentation* », dit l'article 1334, et il est difficile de ne pas donner à ce mot le sens de soumission à l'examen oculaire de la partie intéressée.

D'ailleurs, il y a des cas où la communication par voie de lecture serait impossible ; par exemple celui où la partie intéressée est, comme le suppose M. Rutgeerts (2), atteinte de surdité : et surtout dans l'hypothèse où la communication a précisément pour but de vérifier non pas si la copie est conforme à l'original, mais si la minute n'a point été altérée depuis sa confection.

La jurisprudence, qui n'a pas eu souvent à se prononcer sur cette question, a adopté le dernier système (communication oculaire) : il y a dans ce sens

1. Gagneraux sur l'article 2, n. 32. En fait un notaire a été actionné en garantie pour la perte d'une minute qui lui avait été arrachée des mains,

2. Rutgeerts et Amiaud, t. 2, p. 1043 ; mais on peut répondre que la partie intéressée sourde a le droit de se faire délivrer une expédition.

un arrêt de Paris du 22 juillet 1809, et un arrêt de Pau du 12 février 1833 ; et M. Rutgeerts cite aussi une ordonnance du président du Tribunal de Bruxelles du 12 février 1851.

Mais les auteurs admettent tous que le notaire peut prendre des précautions (1) pour que la sécurité de la minute ne soit pas compromise.

Nous n'avons pas précisément d'objection théorique à formuler contre ce système ; mais, pratiquement, quelles pourraient bien être les précautions à prendre pour le notaire afin de soustraire la minute à tout péril ?

Un ancien magistrat nous disait à ce propos : « Le tort de notre législation fondamentale est d'être vieille d'un siècle, et de nos lois nouvelles de ne pas oser parler la langue de leur temps. On crierait au scandale si le Parlement, par quelque disposition ajoutée à l'article 23 de la loi de ventôse, osait dire « que le Président du Tribunal (ou le Tribunal) pourrait ordonner la reproduction photographique de la minute. Mais par qui serait pris le cliché ? Par un photographe assermenté, par un huissier photographe... ou par le notaire lui-même qui ne feindrait sans doute que par modestie d'ignorer un art aujourd'hui comme de tout le monde. — Et le cliché ? — Il serait brisé ou annexé aux minutes » (2).

---

1. Bastiné, no 235. Rolland de Villargues. Vo *communication*, no 24. Génébrier, p. 490. Eloy, t. I, no 464.

2. Cette question n'est pas aussi neuve que l'on pourrait le croire. Dès 1859, on s'était demandé si un notaire pouvait laisser prendre une copie photographique d'un testament déposé dans son étude, et la négative

APPENDICE AU TITRE Ier

Secret des documents placés sous la garde du notaire mais ne faisant pas partie des minutes.

SECTION I

Observations générales.

Si les minutes constituent la partie de beaucoup la plus importante des documents écrits dont le notaire est dépositaire, elles ne sont point les seuls « papiers » de l'étude à l'occasion desquels se pose la question du secret professionnel.

Nous ne parlerons pas des écrits sous-seing privé « déposés au rang des minutes », ces écrits deviennent de véritables minutes, et tout ce que nous avons dit jusqu'à présent leur est applicable sans hésitation ni contestation possibles.

avait été décidée par une ordonnance de référé du Président du Tribunal de la Seine (*Journal des notaires*, 16.775) et la Cour de Bordeaux adopta le même système dans un arrêt du 7 janvier 1869 (Sirey, 69-2-230. Rambaud).

Mais la Cour de Caen, par arrêt du 29 juillet 1879 a admis ce mode de communication (Sirey, 1880-2-65) et une note de M. Labbé, sous l'arrêt en question, en approuve complètement la teneur, à condition bien entendu que la copie ne soit prise qu'après ordonnance du président du tribunal.

C'est une nouveauté que les « classiques » n'admettent pas sans protestation. L'annotateur du *Recueil des arrêts de Caen* proteste contre un procédé qui « rabaisse le notariat à un degré subalterne et infime ». Et M. Rutgeerts qui ne serait pas opposé « à un texte permettant d'utiliser les progrès de la science » pense que le juge doit attendre la décision du législateur (Rutgeerts, t. II, no 679 *ter*).

Mais, il y a aussi les notes remises par les parties, quelquefois écrites et signées, d'autres fois seulement écrites par elles ; il y a les actes imparfaits, les projets d'actes, etc...

Il y a aussi et surtout les registres d'étude, et tout spécialement le plus intéressant de ces registres : « le répertoire ».

« Le répertoire est un registre à colonnes, tenu
« sur papier timbré, sur lequel les notaires sont
« tenus d'inscrire, jour par jour, sans blanc ni inter-
« ligne et par ordre de numéros, un extrait de tous
« les actes et contrats qu'ils reçoivent, même de ceux
« passés en brevet.

« Chaque article du répertoire doit contenir :
« 1° Son numéro ; 2° la date de l'acte ; 3° sa nature ;
« 4° les noms et prénoms des parties et leurs domi-
« ciles ; 5° l'indication des biens, leur situation et le
« prix lorsqu'ils auront pour objet la propriété, l'usu-
« fruit ou la jouissance de biens fonds ; 6° la relation
« de l'enregistrement » (Art. 29 de la loi de ventôse,
49 et 50 de la loi du 22 frimaire an VII) (1).

Après avoir lu cette définition et ces explications de MM. Rutgeerts et Amiaud (empruntées presque textuellement l'une et les autres aux expressions de la loi), il n'est pas difficile de constater que la connaissance du répertoire équivaut à la connaissance de la plus grande partie des secrets de l'office. Le

---

1. Rutgeerts et Amiaud, t. II, p. 1165.

répertoire est ce qu'il y a de plus précieux dans une étude : un notaire menacé par un incendie, par une inondation, ou par tout autre événement qui met en péril les documents dont il est dépositaire, sauvera d'abord son répertoire !

Il y a aussi, chez un notaire, des registres de comptabilité qui sont, comme nous le verrons, soumis à certains contrôles particuliers, — ce qui ne veut pas dire qu'ils puissent faire l'objet d'une divulgation dans le sens exact de ce mot (communication au public, *vulgus*).

Eh bien ! pour tous ces papiers, ces projets, pour tous ces registres, nous avons à nous demander, si le notaire peut en laisser prendre connaissance à d'autres personnes que celles qui sont désignées dans l'article 23 de la loi organique, s'il peut être contraint de s'en dessaisir temporairement ou d'en laisser prendre des copies.

Si toutes ces questions sont dominées par la règle du secret professionnel, cette règle est appliquée différemment suivant la nature des documents. Nous distinguerons en conséquence pour donner les solutions de la jurisprudence et de la doctrine :

1o Les registres d'étude ;

2o Les titres que le notaire ne détient que par la confiance de ses clients (1) ;

3o Les actes imparfaits, notes, projets d'acte, etc.

1. M. Robert. Rapport au Comité des notaires des départements (25 septembre 1889).

Section II

Registres d'étude.

La jurisprudence, après quelque flottement, semble fixée au profit du secret des registres d'étude, et c'est sans se mettre en opposition avec elle que M. Robert a pu écrire (1) : « La protection de la loi... s'étend non seulement sur la personne du notaire... mais sur les livres de son étude. » C'est à peu près, en effet, le résumé de la doctrine d'un arrêt de la Cour de cassation du 3 décembre 1884 dont le sens est que « la prohibition d'une communication autre que celle portant sur des actes spécialement désignés doit comprendre non seulement les minutes, mais les registres d'étude tels que le brouillard de caisse tenu par le notaire. »

Cette jurisprudence s'affirma en 1886 dans une affaire dont nous avons déjà parlé à un autre point de vue (2), mais sur lequel il convient d'insister ici.

Le Tribunal de Charolles avait rendu, à la date du 8 décembre 1882, un jugement aux termes duquel M. Grandjean, notaire à la Clayette, était condamné à mettre à la disposition de la veuve de son prédécesseur :

1. Rapport au Comité des notaires des départements, précité.
2. Arrêt du 18 janvier 1886 (*Revue du Notariat,* 7,288 et *Journal des Notaires,* 23.584). V. *Sup.* page 46.

1o Le registre des actes de l'exercice de M. Nallet sur lequel sont portés les états de frais ;

2o Le livre de caisse de M. Nallet ;

3o Les agendas annuels de l'étude.

Sur appel de la partie condamnée, la Cour de Dijon confirma le jugement du tribunal de Charolles par un arrêt du 4 juillet 1883.

M. Granjean se pourvut et, par arrêt du 18 janvier 1886, l'arrêt de Dijon fut cassé. « La prohibition, disait la Cour suprême, d'une communication générale, ne porte pas seulement sur les minutes, mais sur les livres et registres tenus par le notaire qui ont pour effet de reproduire tout le mouvement de l'office, l'ensemble et le détail des opérations qui y ont été faites ».

C'était le maintien pur et simple de la doctrine de l'arrêt de 1884.

Mais, sur ces entrefaites, deux actes de l'administration centrale vinrent jeter une ombre sur la question et déterminer quelques hésitations : nous voulons parler du décret du 30 janvier 1890 et de l'arrêté ministériel du 15 février suivant.

Ce décret et cet arrêté intervenus après une série de catastrophes notariales avaient eu pour objet d'imposer aux notaires une comptabilité particulière, et de les soumettre, quant à cette comptabilité, à la surveillance des chambres de discipline et de l'autorité judiciaire. Le décret de janvier 1890 et l'arrêté ministériel de février avaient-ils voulu porter atteinte

au secret qui avait jusque-là protégé les registres de
la comptabilité des études ?

La question fut posée devant le Tribunal de première instance d'Auxerre par un sieur Dejust qui
prétendit s'appuyer sur le décret de janvier 1890
pour obtenir la communication du livre de caisse de
Me Guinard, notaire.

La prétention du sieur Dejust fut repoussée par le
tribunal, et la Cour de Paris (4e chambre), à la date
du 23 janvier 1896 (1) confirma la décision des pre-
miers juges.

La Cour déclare, avec beaucoup de raison, que les
dispositions réglementaires invoquées n'ont pas
modifié le caractère secret des registres tenus par les
notaires, registres qui, par leur nature même, ne se
prêtent pas à une investigation partielle.

Ces principes furent cependant méconnus encore
une fois par un arrêt de la Cour de Besançon du
25 janvier 1896 ; mais la cassation de cet arrêt donna
à la Cour suprême une occasion de formuler à nouveau et d'affirmer plus nettement que jamais sa doctrine dans l'arrêt du 11 juin 1899 (2).

« Les articles 22 et 23 de la loi de l'an XI comme
les articles 846 et suiv. du Code de Procédure civile
ne s'appliquent qu'à des actes déterminés ».

« La prohibition d'une communication générale
comprend les registres d'étude tels que livre de

1. *Revue du notariat*, 9547, *Journal des notaires*, n°. 25988.
2. *Journal des notaires*, n° 26970.

caisse et grand livre, — et doit être annulé, l'arrêt qui ordonne le dépôt au greffe de ces documents, sans prendre aucune mesure pour restreindre leur examen aux seuls points qui intéressent le litige.

« Le principe du secret des actes notariés et des documents qui leur sont assimilés est d'ordre public et l'exécution volontaire par un notaire sans protestation ni réserve du chef d'un arrêt qui ordonne le dépôt au greffe de ses registres d'étude ne peut faire obstacle à la recevabilité du pourvoi ».

On remarquera, en étudiant le résumé de cette partie finale de l'arrêt, que la Cour rend bien un arrêt de principes : le notaire s'était exécuté ; il avait déposé ses registres au greffe Cela n'empêche pas la Cour qui constate cette exécution volontaire de proclamer que *le secret des registres d'étude est d'ordre public.*

Un point cependant pourra nous préoccuper : la Cour de cassation semble reprocher surtout à la Cour d'appel de n'avoir « pris aucune mesure pour restreindre l'examen des livres aux seuls points qui intéressent le litige ».

Pourrait-on ordonner la communication des registres avec quelques mesures de précaution ? Quelles seraient ces mesures ? Le secret des registres admet-il quelque transaction de cette nature ?

Pour notre part nous n'en apercevons pas d'autre que la commission donnée par la Chambre de discipline à un de ses membres d'extraire des livres du notaire les points intéressant le litige. Toute autre mesure nous paraîtrait en contradiction avec l'article 23 de la loi de ventôse et par conséquent entachée d'illégalité.

Le dernier monument de jurisprudence concernant notre matière, nous paraît être un arrêt de la Cour de Caen du 23 décembre 1901. Cet arrêt répète après la Cour de Paris (1) que les prescriptions de la loi de ventôse s'appliquent aux registres des études et qu'aucune modification aux principes de cette loi ne résulte du décret du 30 janvier 1890 et de l'arrêté ministériel qui l'a suivi (2).

*
* *

L'article 16, titre III, de la loi du 6 octobre 1791 astreint les notaires à déposer chaque année un double de leur répertoire au greffe du tribunal de leur arrondissement. Cette prescription n'a été rapportée par aucune loi postérieure : elle est donc toujours en vigueur.

Le secret du répertoire, le plus important des registres d'étude, serait très mal assuré si le greffier pouvait faire ce qui est interdit au notaire, c'est-à-dire délivrer des copies du répertoire.

Ce qui peut faire naître un doute sur la question,

1. Arrêt du 23 janvier 1896 précité :
2. *Revue du notariat,* 10855. Comment d'ailleurs un décret ou une circulaire pourraient-ils modifier une loi ? La question ne devrait même pas se poser.

c'est la rédaction de l'article 853 du Code de procédure civile ainsi conçu : « Les greffiers et dépositaires des registres publics en délivreront, sans ordonnance de justice, expéditions, copies ou extraits à tous requérants ».

Mais, nous estimons qu'il y a là une équivoque résultant du sens particulier qui est donné dans l'article 853 aux mots « registres publics ». Les registres *publics*, dans le sens de cet article, sont les registres constatant des actes qui doivent faire l'objet d'une publicité, tels par exemple les actes de l'état civil ; — tels les actes constitutifs d'hypothèques, ou les transcriptions de mutations immobilières. Le mot « public » est dans l'espèce opposé au mot « secret ».

Lorsque l'on dit au contraire du Répertoire que c'est un registre « public » le mot « public » est opposé au mot « privé », il ne signifie pas « destiné à la publicité ».

Aussi ne faut-il pas hésiter à décider que les greffiers ne doivent ni ne peuvent donner communication des répertoires déposés entre leurs mains. C'est du reste ce qui a été décidé par une circulaire du Ministre de la Justice du 18 janvier 1839.

Section III

Titres confiés au notaire par ses clients.

Nous entendons par là : 1o les expéditions d'actes authentiques reçus par un notaire autre que le dépositaire ; 2o les brevets dressés par lui ou par quelqu'un de ses confrères ; 3o les originaux d'actes sous signatures privées ; 4o les testaments olographes ou mystiques.

** * **

Lorsqu'un client confie à un notaire l'expédition d'un acte que ce notaire n'a pas dressé, c'est comme s'il lui remettait une valeur mobilière dépendant de son patrimoine. Le notaire ne peut ni s'en dessaisir au profit d'un tiers, ni la livrer à la curiosité de personne, pas même d'une partie intéressée à la connaître.

Nul ne saurait demander, même par le moyen d'un compulsoire, copie ou exhibition de ce titre : et si le notaire en consentait la communication, il s'exposerait à une action disciplinaire, et à un procès en dommages-intérêts. Nous pensons même que le fait pourrait être considéré comme tombant sous l'application de l'article 378 du Code pénal ; car c'est, à n'en pas douter, à son caractère professionnel que le notaire doit d'avoir été choisi par son client comme dépositaire de la pièce qui lui a été confiée.

*
* *

Il ne fait doute pour personne que si un acte en brevet se trouvait entre les mains d'un particulier, le compulsoire n'en pourrait être ordonné ; cela a été décidé notamment par un arrêt de Rouen du 13 juin 1827 (1), mais il n'en serait pas de même si l'acte en brevet était encore entre les mains du notaire (2).

Quant aux actes sous-seings privés, il faut distinguer : s'ils ont été déposés par l'une ou l'autre des parties à un notaire pour être mis au rang de ses minutes, ils deviennent de véritables minutes et tout ce que nous avons dit de la communication ou de l'expédition des minutes leur devient applicable.

Si, au contraire, l'acte sous-seing privé avait été confié à un notaire à titre de simple dépôt et ne devait pas figurer au nombre de ses minutes, aucun compulsoire n'en pourrait être ordonné (3).

Nous donnerions la même solution pour un acte en brevet reçu par un notaire et confié par la suite à un autre notaire. Le compulsoire ne peut être ordonné qu'au regard d'une pièce remise aux mains d'un dépositaire public, et quant au brevet reçu par un confrère, et confié par son client, le notaire n'est

1. Dalloz. *Répertoire. V° Compulsoire,* 9.2°.

2. Dalloz. *Répertoire.* V° *Compulsoire,* 14.

3. Dalloz, 13. *Sic.* Sebire et Carteret. *Encyclop. du droit.* V° *Compulsoire,* n° 7. Cass. 2 mai 1838 (Sirey 38.1.451).

qu'un dépositaire privé (1). Nous avons limité le compulsoire des actes en brevet aux brevets qui se trouvent encore entre les mains du notaire rédacteur.

*
* *

En ce qui concerne les testaments olographes ou mystiques, il y a des distinctions à retenir :

1o Aucune communication n'en peut être demandée du vivant du testateur ;

2o Après le décès du testateur, le notaire dépositaire se sera naturellement conformé à l'article 1007 du Code civil, et le testament aura pris rang au nombre de ses minutes, par suite de l'ordonnance de dépôt rendue par le Président du tribunal. Il ne pourra donc en être délivré expédition ou donné communication que dans les conditions prévues et avec les précautions ordonnées par les articles 23 et 24 de la loi de ventôse an XI et les articles 846 et suivants du Code de procédure civile ;

3o Reste une dernière hypothèse : le testateur est décédé, mais le testament olographe ou mystique déposé en l'étude du notaire est révoqué ou caduc.

Des deux questions qui ont été posées plus haut en ce qui concerne le testament authentique, l'une disparaît : celle qui a trait à la reconnaissance d'un

---

1. Dalloz. *Rép.* V° *Compulsoire*, 13.

enfant naturel (1). L'autre subsiste : celle qui a trait à une reconnaissance de dette.

De ce que cette reconnaissance peut conserver tout au moins le caractère d'un commencement de preuve par écrit, s'ensuit-il que le notaire soit obligé d'en donner connaissance ou d'en délivrer copie ? ou même qu'il puisse en donner communication ou copie ?

La négative nous paraît certaine. Le notaire ne peut ni ne doit communiquer la pièce existant entre ses mains, et ne pourrait être relevé de son devoir de discrétion absolue par aucune décision judiciaire.

Toute cette matière est dominée par le principe, que les actes sous-seings privés sont la propriété exclusive des parties, que comme ils contiennent le secret des affaires de celles-ci, personne n'a le droit d'en prendre connaissance (2) et qu'il n'existe aucune raison juridique de faire une exception pour le testament olographe révoqué ou caduc.

D'ailleurs, de deux choses l'une : ou la personne qui demande la communication d'une prétendue reconnaissance de dette qui figurerait, d'après elle, dans un testament caduc ou révoqué, ne peut produire aucune pièce qui justifie cette allégation et en ce cas, le notaire, interrogé sur l'existence en ses mains du document invoqué, doit se retrancher derrière le secret professionnel : ce qui a pour consé-

1. V. *suprà*, p. 6o.
2. *Dict. du notarial.* V. nᵒˢ 1.

quence de rendre impossible toute décision judiciaire ordonnant la communication ; — ou cette personne produit un écrit quelconque affirmant l'existence de la pièce : — une lettre du testateur par exemple disant : « J'ai consigné dans mon testament olographe confié à Me X..... la reconnaissance de ma dette envers vous » — et elle n'aurait pas besoin de chercher à l'appui de sa prétention un commencement de preuve par écrit *car elle en aurait un :* la lettre même dont elle se prévaut pour obtenir la communication et qui lui fournirait elle-même l'avantage qu'elle pourrait attendre de la connaissance du testament.

SECTION IV

Actes imparfaits.

Un acte est réputé imparfait : 1° lorsqu'il n'est pas signé de toutes les parties qui y ont figuré ou qu'il n'est pas terminé par la déclaration qu'elles n'ont pu ou su signer ; 2° lorsqu'il est revêtu de ces signatures ou de la déclaration, mais qu'il n'est pas signé du notaire ou de l'un des témoins instrumentaires ; 3° enfin lorsqu'étant revêtu des signatures des parties, du notaire, et des témoins, il n'est pas authentique par suite de l'incompétence, ou de l'incapacité du notaire, ou pour vice de forme (1).

1. *Dictionnaire du notariat. V. Acte imparfait.* No 2.

Un notaire ne peut délivrer copie d'un acte imparfait de sa propre autorité même aux parties. « Il faut, dit M. Rutgeerts, l'intervention du Président du Tribunal qui décide, s'il y a lieu ou non à cette délivrance et qui examinera si cette copie n'est pas demandée dans le but de commettre une vexation injuste (1). » Les articles 841-843 du Code de procédure civile règlent cette procédure.

De ce que les parties contractantes elles-mêmes ne peuvent obtenir copie d'un acte imparfait, il résulte *a fortiori* qu'une copie ne peut être délivrée aux intéressés étrangers à l'acte — et de ce que ces personnes ne peuvent obtenir une copie de l'acte, nous concluons qu'elles ne pourraient non plus en obtenir la communication orale.

Les personnes étrangères à l'acte ne pourraient même recourir à la procédure des articles 841-843 qui est réservée *aux parties*. L'article 841 dit en propres termes : « la *partie* qui voudra obtenir... »

Mais on peut se demander s'il serait interdit, à des tiers intéressés, de provoquer, pour obtenir communication d'un acte imparfait, un compulsoire en procédant conformément aux articles 846 et ss. C. Proc. civ.

Nous croyons que cette question doit être résolue négativement. Pourquoi un tiers intéressé demanderait-il communication d'un acte imparfait ? Pour en

1. V. *suprà*.

tirer l'avantage qu'il pourrait espérer d'un acte sous seing privé, ou d'un commencement de preuve par écrit. Or, nous avons déjà décidé plus haut qu'un acte sous seing privé déposé chez un notaire ne pouvait faire l'objet d'un compulsoire (1).

*
* *

Quant aux notes, projets d'actes, etc., remis par les parties aux notaires investis de leur confiance, ce ne sont pas des *actes* mais de véritables *confidences écrites*. La remise d'un écrit de cette nature serait assimilable à la divulgation d'un secret confié oralement, et il faudrait appliquer toutes les solutions qui vont être exposées dans le titre III de notre étude.

*
* *

Peut-être, en embrassant d'un coup d'œil les diverses questions de détail qui viennent d'être traitées, pourrait-on en tirer une théorie générale.

Il y a dans le notaire deux hommes : l'officier public qui donne l'authenticité à ses actes, et qui est investi de la garde des minutes de son étude, — le confident désigné par sa profession même à la confiance de la clientèle et qui est le dépositaire des secrets de cette clientèle, soit qu'ils lui aient été confiés oralement, soit que la confidence se soit pro-

1. Rutgeerts et Amiaud, t. II, p. 955.

duite sous la forme de la remise d'une pièce écrite confiée à sa discrétion professionnelle.

Le notaire considéré comme *dépositaire public* est soumis aux prescriptions de la loi de ventôse an XI. C'est cette loi qui règle les communications qu'il peut faire, la forme dans laquelle ces communications peuvent être faites et qui détermine sa responsabilité. Ce rôle, le notaire n'en est investi qu'au regard des minutes de son étude, peut-être des brevets qu'il a reçus et qui ne sont pas encore sortis de ses mains.

Pour tous autres écrits, le notaire est un *dépositaire privé* qui ne peut jamais être contraint de divulguer, sous une forme quelconque, les documents auxquels il a donné l'hospitalité de son étude.

Mais, dans le cas même où il n'est qu'un dépositaire privé, il ne peut se dépouiller du caractère professionnel qui, le désignant à la confiance, a provoqué des confidences orales qui n'auraient pas été faites, ou le dépôt de documents qui n'auraient pas été remis à tout autre qu'à lui.

Cela produit deux conséquences : 1° il ne doit pas trahir le secret des confidences qui lui ont été faites ; 2° il ne doit pas livrer les documents qui ont été confiés à sa discrétion.

S'il divulgue confidences ou documents il tombe sous l'application de l'article 378 du Code pénal ; — si la justice lui demande des renseignements qu'il doit taire, ou des communications d'actes privés, il pourra se retrancher derrière le secret professionnel.

Le notaire *dépositaire public* fait l'objet du titre premier de cette étude ; — au notaire *dépositaire et confident privé* (mais toujours confident professionnel) nous consacrerons la troisième partie de notre travail ; mais nous ne croyons pas inutile de faire ressortir dès à présent le trait commun de ces deux aspects de la discrétion notariale en même temps que nous signalons les points sur lesquels ils se différencient.

TITRE II

LE SECRET PROFESSIONNEL ET LES FONCTIONNAIRES CHARGÉS DU CONTRÔLE DU NOTARIAT

CHAPITRE I

Rapports des notaires avec les préposés de la Régie.

§ I. — *Actes communicables.*

Le plus grave des écueils qu'ait à redouter le secret des minutes et autres documents écrits des études de notaires, l'obstacle auquel il se heurte non pas accidentellement, mais normalement et quotidiennement, c'est l'inquisition, ou si l'on veut, le contrôle des agents de l'administration de l'enregistrement.

Cette inquisition a été établie par la loi fondamentale du 22 frimaire an VII :

« Les dépositaires des registres destinés à cons-

tater l'état civil des citoyens, ceux des rôles des contributions, et tous autres chargés des archives et
dépôts de titres publics, sont tenus de les communiquer *sans déplacer* aux préposés de l'administration de l'enregistrement à toute réquisition, et de
leur laisser prendre sans frais les renseignements,
extraits et copies qui leur sont nécessaires dans l'intérêt de la République à peine de 5o francs (1) d'amende pour refus constaté par procès-verbal du
préposé qui doit, dans ce cas, se faire accompagner
par le maire ou l'adjoint de la commune du lieu (2),
et dresser procès-verbal du refus en sa présence.
Ces dispositions s'appliquent aux *notaires*, huissiers,
greffiers, secrétaires d'administrations centrales et
municipales pour les actes dont ils sont dépositaires »
(art. 54, loi du 22 frimaire an VII).

L'application de ces dispositions a été formellement réservée par l'article 23 de la loi de ventôse
an XI qui, après avoir formulé la règle du secret des
minutes, la fait suivre de ces mots : « sauf néanmoins l'exécution des lois et règlements sur le droit
de l'enregistrement ».

Ainsi donc, ces minutes qui ne doivent être communiquées à personne, les agents de l'enregistrement peuvent les lire à loisir ; — ils ne peuvent pas
les emporter, et c'est déjà quelque chose ; — mais
ils peuvent y prendre tous les renseignements qui

---

1. Aujourd'hui 10 francs (Loi du 16 juin 1824).
2. « Ainsi qu'il est dit par l'article 52 ci-dessus », porte le texte.

leur sont nécessaires, en faire des extraits, en tirer des copies...

... Ce droit est tellement exorbitant, tellement inconciliable avec le secret des actes confiés à la discrétion professionnelle du notaire, qu'il importe d'en bien préciser les limites (1).

Un principe domine toute cette matière. Lorsque la communication est demandée à un notaire en exercice, le préposé du fisc — cela est certain — ne peut exiger que la représentation du Répertoire et des actes qui y sont inscrits, ou dont le dépôt dans l'étude est authentiquement constaté. Rien ne fournit la preuve légale que l'étude contient d'autres écrits et l'agent ne saurait par conséquent demander à les voir (2).

Certaines pièces sont d'ailleurs exceptées des vérifications de la Régie par des dispositions spéciales. Certaines autres y ont été soustraites par la jurisprudence, après des luttes qui ne sont peut-être pas encore finies étant donnée la ténacité de l'administration.

Les pièces qui échappent aux investigations de la Régie, soit d'après les termes formels de la loi, soit d'après une jurisprudence établie sont :

---

1. Si les préposés veulent obtenir une expédition en règle ils la demandent au notaire : en cas de refus de celui-ci ils peuvent intenter une action devant le tribunal de première instance, comme cela se passe en cas de refus opposé à une partie intéressée (Rutgeerts et Amiaud. Tome II, p. 1051.

2. Lansel. *Rev. du notar.* Juin 1876. P. 404 ; Garnier *Rép. Gén.* n° 4.516 ; Ed. Clerc. *Traité génér. notar.* N° 3471 et ss.

1° Les testaments pendant la vie du testateur ;

2° Les donations entre époux faites pendant le mariage ;

3° Les testaments révoqués ou caducs ;

4° Les actes sous-seings privés qui ont fait l'objet d'un dépôt de confiance ;

5° Les actes en brevet confiés au notaire sans avoir fait l'objet d'un rapport pour minute.

A. — L'article 54 de la loi du 22 frimaire an VII excepte de la communication aux préposés de l'enregistrement les testaments et autres actes de libéralité à cause de mort du vivant du testateur.

Cela s'explique par deux motifs :

1° Ces actes peuvent toujours être révoqués et ne produisent leur effet qu'au décès du testateur ;

2° Un secret absolu doit être gardé par le notaire sur le contenu de ces actes. La divulgation de tel testament — dont peut-être on n'entendra jamais parler — suffirait à faire naître de graves dissentiments de famille.

B. — Les donations entre époux, faites pendant le mariage, participent de la nature des dispositions testamentaires en ce sens qu'elles sont, comme ces dernières, essentiellement révocables. Elles en diffèrent en ce sens qu'elles ont une existence immédiate. La libéralité testamentaire est faite sous la condition suspensive de la persistance des intentions du disposant ; la donation entre époux sous la condition résolutoire du changement de volonté du donateur.

Les employés de la Régie ont-ils le droit d'exiger d'un notaire la communication des donations entre époux? Il est admis dans la pratique que les préposés de l'Administration n'ont pas le droit d'exiger du notaire la communication de ces actes, alors même qu'ils contiendraient donation entre vifs de biens présents, si, sur le Répertoire elles sont qualifiées « donations éventuelles » (1).

C. — Les notaires doivent-ils donner aux préposés de l'enregistrement, après le décès du testateur, communication d'un testament olographe ou mystique déposé en leur étude ? La régie est intéressée à connaître les dispositions faites par le *de cujus* et les personnes tenues comme légataires ou exécuteurs testamentaires de l'enregistrement du testament. Les solutions de la Régie ont varié sur ce point. Elle avait d'abord émis la prétention de provoquer l'ouverture de ces sortes de testaments (2) et cette prétention avait été accueillie par le Tribunal de Tarbes le 2 floréal an VII (3).

La régie reconnaît aujourd'hui que, si elle peut prendre connaissance d'un testament ouvert, elle ne peut pas en provoquer l'ouverture, son droit étant simplement de prendre communication des

---

1. *Dict. des Rédact. de l'Enregistr.*

2. Décisions du Ministre des Finances des 27 fructidor an VI, 26 pluviôse, 6 ventôse an VII (Dict. Enreg. V° *Testament*, n° 156). Solution de la régie du 26 vendémiaire an VIII. (*Journ. Enreg.* art. 283). Délibér. de la régie du 17 décembre 1832 (Rec. Fessard, art. 3.978).

3. Dict. Enregistr. V° *Testament*, n° 156.

actes *tels qu'ils se trouvent chez les notaires*. Cette solution a été admise par des décisions de l'administration des 4 mai 1864 et 21 novembre 1865 (1). Nous ne pouvons citer en cette matière que des décisions de tribunaux étrangers : Haute-Cour des Pays-Bas du 29 octobre 1863 et Tribunal civil d'Arnheim (Hollande) du 4 novembre 1844 (2).

Toutefois, d'après les prétentions de la Régie, les employés auraient le droit de relever les testaments inscrits sur les répertoires des notaires et d'en provoquer judiciairement l'ouverture et l'enregistrement lorsque les testateurs sont décédés depuis plus de trois mois (3).

Est-il bien sûr que la prétention de la Régie, ainsi réduite, ait survécu aux instructions précitées de 1864 et de 1865 ? En admettant l'affirmative, est-elle fondée ? Nous n'en croyons rien pour notre part. Si, trois mois après le décès du testateur, un testament mystique reste clos, c'est que l'on sait bien qu'il ne peut produire un effet, soit qu'il existe un acte de révocation formelle chez le notaire, soit qu'un testament postérieur au dépôt ait disposé de tout le patrimoine ; et, dans ce cas, ce testament qui n'a plus qu'un intérêt « historique » ne regarde personne, pas même les employés de l'enregistrement.

1. Dict. Enregistr. V. *Testament,* n· 158.
2. Garnier, n· 17.080.
3. Instruction 318. Déc. Minist. 27 fructidor an VII et 6 ventôse an VII précitées. V. Dict. Rédact. Enreg.

Nous ne voyons pas bien sur quoi pourrait être basée, en ce qui le concerne, l'exigence de la régie.

D. — Les préposés de la Régie peuvent-ils prendre communication des actes privés déposés chez un notaire ? Il faut distinguer :

S'il s'agit d'une pièce *déposée pour minute*, c'est-à-dire afin que cette pièce soit mise au rang des minutes du notaire qui pourra en délivrer des expéditions, les fonctionnaires de l'enregistrement pourront en prendre connaissance comme des minutes de tous les actes reçus par le notaire ou par ses prédécesseurs.

S'il s'agit au contraire d'un *dépôt de confiance*, c'est-à-dire d'un dépôt qui aurait pu être fait entre les mains de toute autre personne, dont le notaire n'a pas dressé et n'a pas dû dresser acte, la pièce ne doit pas être communiquée aux préposés de la Régie. La Régie a bien essayé de faire triompher la thèse contraire, mais une jurisprudence absolument constante n'a depuis cinquante ans cessé de rejeter cette prétention (1).

S'il en était autrement, font observer M. Rutgeerts et Amiaud, « il faudrait prétendre que chez un notaire l'homme public absorbe l'homme privé... » et un peu plus loin : «La prétention de l'Administration à cet

----

1. Voir, pour ne citer que les décisions les plus récentes : Lille, 25 janvier 1864 (Dalloz, 1864. 3. 103) ; Narbonne, 15 janvier 1879 (J . N. N. 22.112) ; Angers, 13 juillet 1880 (*ibid.* n. 22.543). V. aussi Cass. 14 août 1854 (Pasicrisie. 1854. 1. 349).

égard, serait de nature, si elle était admise, à porter le trouble dans les familles : elle forcerait le notaire à violer la loi du dépôt confié à ses soins et à agir contrairement aux articles 1927, 1930, 1937 et 1944 du Code civil (1).

La Cour de cassation avait admis d'abord qu'un notaire ne pouvait sans contravention, refuser aux préposés de la régie communication d'un paquet cacheté portant cette suscription « qu'il avait été remis de confiance par deux personnes désignées pour n'être ouvert qu'en leur présence » (2).

Mais elle n'a pas persisté longtemps dans cette jurisprudence peu libérale, et dès le 4 août 1811 (3), elle décidait, dans un cas identique, que les fonctionnaires de l'enregistrement ne peuvent exiger l'ouverture du paquet cacheté ainsi remis au notaire…. que le notaire est, en ce cas, considéré comme un dépositaire privé et confidentiel.

Le *Dictionnaire des rédacteurs de l'Enregistrement* pense que cette dernière interprétation est fondée. Il est incontestable en effet, dit-il, que le ministère des notaires crée entre eux et leurs clients certaines relations qui peuvent entraîner la communication toute confidentielle de documents, de papiers de famille, et il n'est pas douteux que l'investigation

1. Rutgeerts et Amiaud, t. II, p. 1052-1053. Voir arguments de la Régie, *Infra*. p. 117.

2. Cass. 13 décembre 1809 — 359. *J. N.*

3. *Journal des Notaires*, n° 1125.

des employés de l'administration ne doit pas s'é-
tendre à des titres de cette nature.

Nous allons plus loin, — la Jurisprudence y a été
elle-même, — et nous prétendons que, d'une manière
générale, les actes privés échappent à l'investigation
des préposés de la régie, comme ne faisant pas partie du dépôt public soumis à leur contrôle.

Mais en est-il de même lorsque l'acte sous seing
privé a été déposé au rang des minutes et que l'acte
en constatant le dépôt a été inscrit au répertoire ?
Non ? Si la régie n'a pu réussir à faire admettre par
la jurisprudence que toute pièce trouvée en l'Etude
d'un notaire devait être présumée déposée pour minute, et si au contraire la présomption est d'après la
presque unanimité des décisions judiciaires, en faveur
du *dépôt de confiance*, cette présomption pourrait
être détruite, soit par des mentions ou des indica-
tions dans les actes (nous pouvons par exemple
supposer un acte sous seing privé dans lequel il est
dit qu'il sera déposé aux minutes d'un notaire),
soit par l'inscription sur le Répertoire d'un acte de
dépôt.

Il y a donc imprudence de la part du notaire à
inscrire sur son Répertoire un acte qui lui a été remis
à titre privé et confidentiel, à faire figurer cette pièce
dans un registre qui est pour ainsi dire le catalogue
de son dépôt public. La moindre précaution qu'il
puisse prendre c'est de ne pas mentionner le document. Rutgeerts voudrait que la prudence fût poussée

plus loin, et qu'un notaire qui reçoit un dépôt confidentiel le mit sous enveloppe en faisant mention que les pièces lui ont été remises à titre de confiance (1).

La précaution serait évidemment excellente, on éviterait ainsi des retours offensifs de la Régie qui même depuis que la jurisprudence est fixée en sens contraire, a obtenu quelques jugements favorables à ses prétentions (2).

*
* *

E. — La question que nous venons de résoudre en ce qui concerne les actes sous-seings privés se pose également en ce qui concerne les actes en brevet qui ont été confiés au notaire. Ou ils lui ont été déposés pour être classés au nombre de ses minutes (et on dit alors qu'ils ont fait l'objet d'un *rapport pour minute*) (3) et, dans ce cas, ils sont soumis à la communication aux préposés de l'administration de l'enregistrement, ou ils ont fait l'objet d'un dépôt de confiance et, dans ce cas, ils ne doivent pas plus être communiqués que les actes sous-signatures privées.

Cette opinion a été très combattue. On s'est

1. Rutgeerts et Amiaud. T. II. P. 1054. Nous considérons d'ailleurs l'hypothèse soulevée par MM. Rutgeerts et Amiaud comme tellement anormale que nous nous demandons même si le cas peut se présenter !

2. Béziers, 5 mai 1862 (M. N. 1862, p. 317). Brioude, 7 février 1860 (J. N. N. 16.845). Ordonn. du Prés. du Trib. de Rethel, 9 mars 1857 (J. N. 7.691).

3. *Rapport pour minute,* s'ils ont été dressés à l'étude où ils sont rapportés ; *Dépôt pour minute,* s'ils avaient été rédigés ailleurs.

demandé si le notaire pouvait accepter le rapport à son étude d'un acte en brevet qu'il a dressé sans établir un acte de dépôt ; — et la négative a été généralement admise (1).

Nous pensons pour notre part, qu'à côté du rapport pour minute, il peut exister un dépôt confidentiel auquel rien ne s'oppose, et dont les conséquences sont, d'une part, que le notaire ne peut délivrer des expéditions de la pièce, d'autre part, que cette pièce échappe aux investigations de la Régie.

Les actes sous signatures privées déposés aux mains des notaires échappent-ils à l'inquisition des préposés de l'Enregistrement quand ils ont été mentionnés dans un inventaire ? C'est encore un point sur lequel la Régie s'est trouvée en conflit avec la Jurisprudence. La Régie a soutenu que le notaire établi dépositaire de titres et papiers relatés dans un inventaire doit les communiquer aux préposés qui veulent s'assurer que les pièces sont rédigées sur papier timbré (2).

Mais une solution contraire a été donnée par la Régie elle-même le 5 mars 1861, fondée sur ce que les contraventions aux lois sur le timbre échappent aux conséquences du droit de communication.

Et, lorsqu'en 1871, la loi du 23 août astreignit les « Sociétés, compagnies, assureurs, entrepreneurs *et tous autres assujettis aux vérifications des agents de*

1. Bastiné, n° 173. Génébrier. P. 515.
2. Dél. 2 janvier 1835, R. 4.684 ; J. N., 8.753.

l'enregistrement par les lois en vigueur… à représenter aux dits agents leurs livres, registres, titres, pièces de recettes, de dépenses et de comptabilité, afin qu'ils s'assurent de l'exécution des lois sur le timbre » une instruction de la Régie (1) prit le soin de signaler que l'article 22 de la loi (dont nous venons de donner les termes) ne s'appliquait pas aux officiers ministériels (2).

Si d'ailleurs l'inventaire mentionne que « les pièces ont été confiées au notaire » toute équivoque disparaît et il a été jugé que l'officier public est réputé dépositaire de ces pièces à titre privé, et qu'il n'est pas en conséquence obligé d'en donner communication ou de délivrer aucun renseignement sur leur contenu (3).

Néanmoins, lorsque d'après les énonciations d'un contrat de vente, le prix a été réglé en billets qui ont été paraphés par le notaire, et qui lui ont été remis en dépôt, les préposés peuvent demander la représentation de ces billets et vérifier s'ils sont sur papier timbré. C'est du moins ce qu'a décidé une délibération de la Régie du 24 mars 1824 (4). Seu-

---

1. *Instruct.* 2.413, § 7. — V. *Dict. des Rédact. de l'Enr.*

2. Pour ne pas faire double emploi et pour éviter des redites, nous donnerons le système antérieurement soutenu par la Régie en exposant le procès à l'occasion duquel il a été, en 1854, présenté avec le plus d'ampleur. V. *infrà.* P…

3. Metz, 2 mai 1837. R. 5.456. J. N. 9.672. — V. aussi J. 14.865. — Cass., 6 janvier 1830. J.N. 7.124.— et Sol. 26 mars 1860. R. 1.948.10.

4. *Dict. des rédact. Enreg.*, n° 21. — V. art. de M. Lansel. *Rev. Not.* n °14.148.

lement, il n'est pas bien sûr que cette jurisprudence faite par la Régie pour elle-même serait acceptée par les tribunaux si elle venait à être discutée aujourd'hui, car il est de principe admis par la Régie elle-même, postérieurement à la loi du 25 août 1871 (1), que les dispositions concernant les vérifications que les agents de l'administration ont le droit de faire pour s'assurer de l'exécution des lois sur le timbre ne s'appliquent pas aux notaires.

Ce qui nous conduirait à admettre encore aujourd'hui la vieille solution de 1824, c'est qu'il s'agit de billets dont l'existence et le dépôt entre les mains du notaire sont constatés sans réserves par un acte authentique (l'acte de vente).

F. — Quant aux actes authentiques imparfaits, un arrêt de la Chambre civile de la Cour de cassation du 5 novembre 1866 (sur lequel nous nous expliquerons plus loin à un autre point de vue) admet qu'ils doivent être communiqués à la Régie, malgré leur état d'imperfection et bien qu'ils n'aient pas été portés sur le Répertoire.

Si donc, lors d'une levée de scellés apposés dans une étude de notaire après décès ou démission, etc. (ce sont les seuls cas d'ailleurs où l'existence de ces actes pourrait se révéler), il se rencontrait dans l'étude des actes auxquels il manquât une formalité quelconque, telle qu'une signature du notaire ou des témoins, et qui par suite de leur inachèvement n'au-

_____
1. *Instruct.*, 2.413, § 7.

raient pas été inscrits au répertoire, on accorderait au préposé de l'enregistrement le droit d'en prendre communication.

Comme le fait très bien remarquer M. Lansel (1) « de pareils actes ne sont pas moins des minutes essentiellement destinées à la publicité et prenant rang parmi les archives notariales ; ils ne peuvent être soustraits à l'Etude sous le prétexte qu'ils ne sont pas complets ; ce serait enlever aux parties le bénéfice que peut leur procurer l'existence de l'écrit, si imparfait qu'il puisse être comme acte notarié. Ces actes n'ont donc pas un caractère confidentiel et ils tombent sous l'application du droit de contrôle des agents du Trésor ».

*
* *

Jusqu'à présent, nous n'avons envisagé le problème qu'au point de vue des rapports de la Régie avec un notaire en exercice, mais il est une autre situation dont l'examen s'impose à notre attention : c'est celle qui se présente lorsque l'étude se trouve vacante par suite de décès ou de disparition du notaire. L'étendue du droit de communication dans ces hypothèses a soulevé des conflits entre la régie qui prétendait étendre ce droit à son profit et les héritiers des notaires soucieux de défendre l'obligation du secret professionnel qu'ils avaient héritée de

---

1. *Revue du not.*, juin 1876. P. 408.

leur auteur. De nombreuses décisions de jurisprudence ont restreint le droit des fonctionnaires de
l'Enregistrement jusqu'à interdire la communication
de tous les actes autres que ceux qui sont revêtus
d'un caractère public, classés au rang des minutes,
et portés au Répertoire (1).

Nous pensons qu'il suffira, pour donner une idée
complète de la discussion, de résumer le système présenté par la Régie à la Cour de cassation en 1854 et
de placer en regard l'arrêt de la Cour suprême:

« En disant, affirmait-on au nom de la Régie, dans
l'article 54 de la loi du 22 frimaire an VII, que les
dispositions de cet article (concernant la communication aux fonctionnaires de l'Enregistrement), s'appliquent aux notaires *pour les actes dont ils sont
dépositaires*, le législateur s'est servi de termes généraux et absolus. Le mot *actes* désigne tout aussi bien
les actes sous-seing privés déposés par des particuliers que les actes passés dans la forme authentique.
Il n'est pas permis d'en douter en présence des articles 42 et 43 de la loi précitée qui sont ainsi conçus :
« Article 42 : Aucun notaire... ne pourra faire ou
rédiger un acte en vertu d'un acte sous-seing privé
ou passé en pays étranger, l'annexer à ses minutes
ou le *recevoir en dépôt*... s'il n'a été préalablement

---

1. Douai, 29 décembre 1852 (S. 53.2. 274); Metz, 5 octobre 1853 (S. 54.
2. 141); Cass. 14 août 1854 S. 54.1.524) ; Douai, 16 décembre 1861 (*Rev.
du Not.*, n. 230); Toulouse, 11 mai 1864 (*Ibid.* n. 1053); Rennes, 12 mars
1856 (*Ibid.*, n. 1620). Tribunaux de Limoges, Dinan, Loudun, Jonzac :
Voyez aussi *Dict. des réd. Enreg.* V. *Communication*, n. 32.

enregistré à peine de 50 francs d'amende. — Art. 43 :
Il est également défendu, sous la même peine, à
tout notaire de *recevoir aucun acte en dépôt sans
dresser acte de dépôt...* »

« Ces formules de la loi excluent la possibilité du
dépôt de confiance. L'existence dans l'étude d'un
notaire d'un acte sous-seing privé dont il n'a pas été
dressé d'acte de dépôt n'est qu'une contravention
dont l'officier public ne peut pas tirer parti à son
profit. « L'article 54 permet aux préposés de l'administration d'exiger la communication *des actes* en
général, dont les notaires sont matériellement dépositaires en leur qualité d'officiers publics... »

Ce n'est point d'ailleurs, — comme on pourrait le
croire, — dans un intérêt fiscal que la Régie plaide
sa cause. « Les dispositions des articles 42, 43, 54
n'ont point pour unique objet d'assurer le recouvrement de l'impôt : elles ont aussi en vue d'assurer
dans l'intérêt même des parties et des tiers, la conservation et la représentation des actes déposés chez
les officiers publics. Sous ce rapport l'exécution des
prescriptions de la loi du 22 frimaire an VII n'intéresse pas seulement le Trésor, mais encore la société !
La sûreté des transactions se trouverait gravement
compromise, si les notaires étaient libres de ne point
classer parmi leurs minutes et de ne point réperto-
rier les actes qu'ils reçoivent ou qui leur sont déposés, et s'il leur suffisait, pour les soustraire aux
investigations des préposés de l'Administration, de

laisser imparfaits les actes authentiques ou de ne point dresser acte de dépôt des actes sous signatures privées. C'est surtout en cas de fuite ou de disparition d'un notaire que ces considérations d'ordre public exigent la complète application de l'article 54 de la loi du 22 frimaire an VII et ne permettent pas de limiter le droit de communication aux actes qu'il aurait plu à l'officier public de régulariser avant sa disparition... »

Le mémoire de 1854 qui est une véritable synthèse des prétentions de la Régie révèle la mentalité spéciale des Etatistes, et spécialement de ces Etatistes professionnels qu'on appelle les fonctionnaires. Toute intrusion de l'administration dans les affaires des particuliers est inspirée par le désir de leur rendre service. C'est dans le seul but de faire notre bonheur, fût-ce malgré nous, que l'Etat se mêle de nos affaires ; et s'il tient à pénétrer le secret des actes privés c'est pour le mieux garder que les confidents qui en ont été faits dépositaires !

« Le notaire, disait-on, dans le système contraire (soutenu par les héritiers du notaire Vanhoutte), d'après la loi de ventôse, est un fonctionnaire public. A ce titre il lui est imposé des obligations particulières, comme le classement des minutes et la tenue d'un répertoire... cependant, le notaire, avant d'occuper cette position, a pu devenir le dépositaire confidentiel de titres ou pièces concernant des tiers ; il a pu, durant son exercice, continuer, ou même commencer des relations de cette nature. Est-il soumis pour ces actes aux obligations que lui imposent les lois quant à ceux dont il est dépositaire à titre de fonctionnaire public... ? »

Et à la prétention émise par la Régie de protéger bon gré mal gré, — mais non gratuitement — les intérêts des particuliers, les défendeurs au pourvoi répondent, non sans à propos : « Pour le législateur « qui conférait aux notaires le pouvoir de donner l'au- « thenticité aux actes, c'était un devoir de surveiller « l'exercice d'un ministère qu'il rendait obligatoire « et d'assurer la conservation et la représentation des « actes confiés à ces officiers publics.

« Mais, si une personne manifeste l'intention de « renoncer aux garanties qui lui sont offertes et de « courir les risques attachés à la constatation de ses « droits par un acte sous seing privé, nul ne peut lui « imposer une protection qu'elle repousse, qu'elle « regarde même comme dangereuse, ni l'empêcher de « choisir pour dépositaire confidentiel un homme en « qui elle place sa confiance en considération de son « caractère privé et non des fonctions qu'il exerce. « Dans cette situation, le notaire qui dresserait un « acte de dépôt, qui inscrirait cet acte sur son réper- « toire, trahirait l'intention de ceux qui l'ont choisi « pour conseil (1) »...

L'arrêt de la Cour de cassation qui rejette les pré- tentions de la Régie n'est pas formulé en termes bien

1. Sirey 54.1.524 et suiv.

énergiques : néanmoins il résout d'une façon assez précise le point controversé :

« Attendu, dit l'arrêt, qu'il est déclaré en fait que les préposés de l'enregistrement ont eu communication de tous les actes même sous-seings privés (il s'agit ici des actes sous-seings privés déposés pour minute) existant dans l'étude de Vanhoutte décédé, et dont ce dernier était dépositaire, et qu'il ne leur a été refusé que la connaissance des actes purement personnels audit notaire (expression très équivoque, et qui ne se comprendrait point sans l'explication qui la suit) *et qui n'étaient en sa possession que comme homme privé.*

« Attendu que dans ces circonstances, ledit arrêt (de la Cour de Douai) a pu décider que la Régie avait épuisé son droit, et que le dépouillement des archives notariales ne devait pas comprendre les papiers personnels et privés dudit notaire sans violer l'article 54 de la loi du 22 frimaire an VII ni aucune autre loi. — Rejette.

L'arrêt le plus net sur la matière nous paraît être celui qui fut rendu le 5 novembre 1866 par la Chambre civile de la Cour de cassation.

« Attendu, dit la Cour, que le droit de vérification limité par la loi aux actes publics reçus et conservés par les fonctionnaires chargés de les dresser et d'en garder le dépôt en cette qualité, en ce qui concerne les notaires particulièrement, ne saurait s'exercer que sur les actes ou contrats énumérés dans l'article 1er

de la loi du 25 ventôse an XI, et qui composent les
archives publiques dont ils ont le dépôt; que l'article 54 de la même loi n'applique également qu'à ces
actes les mesures à prendre pour leur conservation,
dans les cas où pour une cause quelconque, décès,
démission, disparition du notaire, sa surveillance
viendrait à défaillir ; que les articles 42 et 43 de la
loi du 22 frimaire an VII ne parlent de certains actes
sous-seings privés qui pourraient se trouver entre
les mains du notaire en sa « qualité d'officier public
« qu'à raison de la relation intime de ces actes avec
« les actes publics auxquels ils se rattachent, avec
« lesquels ils s'identifient et en vue des contraven-
« tions propres à ces derniers actes, contraventions
« dont la preuve ressortirait des vérifications aux-
« quelles ils sont seuls assujettis. — Que ces vérifica-
« tions ainsi limitées, suffisent d'ailleurs pleinement
« à la Régie pour l'accomplissement de sa double
« mission, le recouvrement de l'impôt et la répres-
« sion des contraventions des notaires, qu'en effet,
« d'une part, les actes publics des notaires sont les
« seuls dont ils doivent personnellement acquitter
« ou garantir les droits d'enregistrement ; de l'autre,
« pour surveiller la régularité de ces actes, il suffit
« qu'ils soient tous communiqués à la Régie sans
« exception ni restriction, en quelqu'état d'imper-
« fection qu'ils soient et lors même qu'ils n'auraient
« pas encore été portés sur le répertoire ; — que là
« s'arrête et devait s'arrêter le droit de la Régie ;

« qu'en dehors de leurs fonctions, les notaires ne sont
« plus, vis-à-vis des parties que de simples conseils ;
« — *que non seulement, ils ne sont pas obligés à ce*
« *titre de communiquer les papiers ou actes sous-*
« *seings privés qu'ils tiennent de la confiance des par-*
« *ties, mais que souvent ils ne pourraient pas le faire*
« *sans manquer au secret professionnel dont les*
« *convenances et la loi leur font un devoir...* » (1).

Les tribunaux ont eu à diverses reprises à se préoccuper des moyens pratiques d'application de cette
jurisprudence.

C'est ainsi que, même avant l'arrêt précité de 1866,
la Cour de Metz a décidé qu'en cas de décès d'un
notaire, les préposés de la Régie ne peuvent porter
leurs investigations, lors de la levée des scellés, que
dans les locaux dont se compose l'étude, sur les actes
passés par l'officier public et sur ceux qui ont été
déposés entre ses mains en ladite qualité (2).

Qu'un arrêt de Toulouse pose en principe que ce
n'est qu'aux représentants du notaire décédé, c'est-
à-dire à ses héritiers et au notaire chargé de la garde
provisoire de ses minutes qu'il appartient de procéder ensemble au triage entre les papiers de nature à
rester secrets et devant être remis aux héritiers et

---

1. Tout dernièrement la Régie a encore élevé la prétention d'avoir com-
munication des dossiers des études vacantes. Elle revient souvent à la charge !
— Heureusement cette prétention a été repoussée (Jugement du tribunal de
Riom, 5 juillet 1903. *Recueil*. Riom et Limoges, 1904. P. 257).

2. Arrêt du 22 mai 1864. M. N., 1864. P. 371.

ceux qui, faisant partie du dépôt public doivent rester sous la garde du notaire commis et demeurent seuls sujets aux vérifications de la Régie (1).

Que lorsqu'il y a décès ou disparition du titulaire les préposés n'ont pas le droit de s'immiscer directement dans la recherche des actes de l'étude ; ils doivent se borner à assister le juge chargé de la levée des scellés et de la description des dossiers, et à requérir du détenteur provisoire la communication des actes ou titres dont le juge croirait la communication permise. Si dans le cours de l'opération on découvrait des documents dont le caractère ne serait pas nettement déterminé, et si l'appréciation du juge de paix n'était pas admise par |les parties ou par le préposé, il y aurait lieu à référé (2).

La Cour d'Angers a même décidé, dans un arrêt du 13 juillet 1880, que les agents de l'enregistrement n'ont pas le droit d'exiger que la levée des scellés apposés sur les papiers du notaire ne puisse avoir lieu qu'en leur présence (3).

1. Arrêt du 11 mai 1864. *Rev. du Notar.*, 1865, no 1.053.

2. Arrêt de Metz du 5 octobre 1853 (S. 54.2.141). V. art. de M. Lansel. *Rev. du Notar.* Juin 1876 ; Conf. Garnier. *Rép. Gén.*, n° 4.517 et *Dict. des Réd. Enreg.* N° 35.

3. Rutgeerts et Amiaud. T. II. P. 1.054. Note 1. *Dict. du Not.* V° *Communication*, n° 54. *Journ. des notaires.* N° 22.543.

§ II

*Conditions et formes de la communication des minu-
tes aux préposés de la Régie.*

L'inquisition de l'administration de l'enregistrement constitue par elle-même une assez grave atteinte
au secret des minutes pour qu'on ne l'aggrave pas
encore en la laissant s'exercer à son gré, sous une
espèce de régime du bon plaisir.

Aussi la loi a-t-elle soumis cette investigation à
des règles qui ont été complétées par la pratique et
qui concernent :

1º Le lieu de la communication ;

2º Le mode de la communication ;

3º Les personnes auxquelles elle doit être demandée, et sur ce dernier point, il y a lieu de faire une
distinction entre deux cas : celui où le notaire dépositaire des minutes est encore en exercice et celui
où son exercice à pris fin.

A

Lieu de la communication. — La communication
doit avoir lieu sans déplacement (art. 54 de la loi du
22 frimaire an VII). Le notaire sans engager sa responsabilité ne doit pas laisser sortir ses minutes de
son étude (art. 22 de la loi du 25 ventôse an XI). Il

ne doit donc pas, dit Lansel, se rendre aux sollicitations que pourraient lui faire les agents de l'administration, au mépris des devoirs qui leur ont été tracés par l'article 139 des ordres généraux de la Régie et par leurs instructions 1351 et 2.027 § 3 desquels il résulte que « les préposés de la Régie ne peuvent, sous quelque prétexte que ce soit, pas même du consentement des officiers publics, déplacer les minutes à peine de demeurer responsables des événements et de tous dépens, dommages et intérêts qui pourraient en résulter et sans préjudice de la détermination que l'administration de l'enregistrement jugerait convenable de prendre à leur égard » (1).

Comme l'article 54 porte que la communication doit se faire sans déplacement et qu'elle doit avoir lieu dans les dépôts où se font les recherches, on en conclut que le notaire ne peut exiger que la vérification se fasse dans un autre lieu que son étude (2). C'est une exigence qu'il ne faut pas outrer, ni interprêter avec une rigueur ridicule, et je ne pense pas qu'un conflit pourrait être soulevé par un préposé de la Régie si le notaire lui proposait de l'installer dans une pièce convenable de son domicile pour procéder plus tranquillement à l'exercice de ses fonctions ; mais les préposés du fisc n'auraient pas le droit de pénétrer dans le cabinet particulier du notaire

1. *Refonte et analyse des Instructions de l'Enregistrement* par Bigorne, n° 917 bis (Cité par Lansel *Rev. du Not.* n° 5.148).

2. Tribunal d'Amiens 11 août 1842, J. n° 2.742.

en exercice, ni de s'y installer pour faire leur vérification ou prendre communication des actes (1).

Les notaires sont tenus de donner communication de leurs actes et de leur Répertoire à toute réquisition, excepté les jours de repos pour les fonctionnaires publics; et les séances de chaque jour ne pourront durer plus de quatre heures de la part des préposés dans les dépôts où ils feront leurs recherches (2).

B

Mode de communication. — Il n'appartient pas aux préposés de faire directement des recherches dans les liasses, dossiers ou cartons de l'étude. Ce soin concerne le notaire seul et l'agent est obligé d'attendre qu'on lui remette les documents qu'il désigne (3).

« Exercé dans ces limites, dit Garnier, le droit d'investigations n'est pas très dangereux pour les parties, car les notaires n'auront garde de placer sous les yeux du préposé d'autres pièces que celles dont il demande la communication (4) ».

En fait, voici comment les choses se passent : quand l'agent de l'enregistrement se rend dans une

1. Art. précité de M. Lansel.
2. Art. 54. Loi du 22 frimaire an VII. Voyez Rutgeerts et Amiaud. T. II, P. 1.055.
3. Art. précité de Lansel.
4. Garnier. *Rép. Gén.*, n° 4.516.

étude pour y exercer ses fonctions, il se fait remettre le répertoire, et il désigne parmi les actes mentionnés ceux dont il désire prendre communication.

Lorsqu'une vérification se produit après la disparition ou le décès du titulaire d'une étude, nous avons déjà vu que les préposés de la Régie sont sans qualité pour procéder personnellement au triage des papiers (1).

C

A qui la communication doit-elle être demandée ? — Pour répondre à cette question, il faut distinguer si le notaire est en exercice, ou s'il a cessé d'exercer ses fonctions.

a) Pendant l'exercice d'un notaire, c'est à lui-même que la communication doit être demandée. Lorsque pendant l'absence d'un notaire un préposé de la Régie se présente pour vérifier les minutes, le clerc présent à l'étude n'est pas tenu de les lui communiquer. Disons mieux, il ne doit pas en principe les communiquer.

Le refus de communication du clerc ne saurait donc être imputé à grief au notaire, si ce n'est dans le cas où le refus du clerc, combiné avec des absences calculées du notaire, ne serait qu'un moyen intentionnel de rendre la vérification impossible. Cette dernière hypothèse a été visée dans un arrêt de cassa-

---

1. V. *supra*, Page 124 ; Rutgeerts et Amiaud. T. II. P. 1.054.

tion du 21 mars 1848 qui a refusé d'admettre, en dehors de ce cas la contravention, de l'officier public (1).

Si un notaire est absent, le préposé de l'enregistrement doit adresser sa demande non au clerc qui n'a pas qualité officielle, mais au notaire chargé de suppléer son confrère pendant la durée de l'absence. A défaut, il doit en référer au Président du Tribunal pour que ce magistrat désigne l'officier public qui doit représenter les actes. Cela a été décidé par le tribunal de Saverne par un jugement du 18 novembre 1834 (2).

La régie a adopté cette solution (3) et nous n'y ferons pas d'objection de principe. Nous estimons toutefois qu'elle ne serait acceptable que dans le cas où l'absence du notaire devrait se prolonger, et qu'une mesure de cette nature ne peut être ordonnée par le Président du Tribunal qu'avec une réserve dont ce magistrat est d'ailleurs le juge.

b) Lorsqu'un notaire est décédé ou lorsqu'il a disparu, si un notaire a été provisoirement chargé de la garde de ses minutes, c'est à ce dernier que la communication doit être demandée et il ne serait pas en droit de la refuser (4).

---

1. Rutgeerts et Amiaud. T. II. P. 1.056. Art. précité de Lansel. Sirey, 48.1.287. Garnier. *Répert. Génér.*, n° 4.512.

2. Lansel, *op. cit. Journ. des Notaires*, n° 8.824. Rutgeerts et Amiaud. *Loc. cit.*

3. *Dict. des édact. de l'Enreg.* V. *Communication*, n. 42.

4. Lansel, *op. et loc. cit.*

S'il n'existait pas de notaire chargé des minutes la communication serait demandée aux héritiers du notaire décédé ou disparu ; mais nous ne saurions trop conseiller à ces derniers de se faire assister d'un conseil possédant des connaissances professionnelles, afin de ne point s'exposer à des divulgations imprudentes et non exigées par la loi.

Examinons enfin une hypothèse tout à fait particulière. Lorsque le séquestre a été apposé sur les biens du notaire, c'est l'agent du Trésor qui devient le détenteur légal *de tous les papiers de l'absent*. Le receveur pourrait-il profiter de sa qualité de gérant pour constater les contraventions existant dans les actes remis confidentiellement à l'officier public ? Non, décide Garnier (1), ce serait un véritable abus de dépôt. La mainmise du Trésor n'a d'autre but que de faciliter la gestion des biens abandonnés, et on ne saurait faire servir ces documents à une destination différente. Le séquestre des biens du notaire disparu ou contumax n'est pas institué dans un intérêt fiscal et il répugnerait d'admettre que la Régie put s'en faire un moyen de perception (2).

1: Garnier. *Rép. Génér.* n. 4. 529.
2. Lansel. *Loc. cit.*

CHAPITRE II

Rapports du notaire avec le ministère public.

———

« Les fonctions notariales sont liées trop étroite-
ment à l'ordre public pour que la magistrature, inves-
tie de la haute mission de veiller à la défense de l'intérêt général, n'étende pas sur elle son contrôle vigi-
lant. Aussi n'est-il point douteux que les notaires ne
soient compris parmi les officiers ministériels que
l'article 46 de la loi du 20 avril 1810 place sous la
surveillance du ministère public (1) ».

Ainsi s'exprime M. Dutruc au début d'une étude
commencée dans la *Revue du notariat*, en février
1876.

Nous remarquerons, avec M. Dutruc, que le ministère public a un double rôle vis-à-vis des notaires, et
que ceux-ci peuvent, à un double point de vue, se
trouver en contact avec les officiers du parquet.
D'une part, ils sont placés par la loi de 1810 sous la

1. Dutruc. — *Rev. du not.* n. 5.033.

surveillance de ces officiers, d'autre part, comme ils sont soumis à la juridiction disciplinaire du tribunal civil et que le tribunal civil ne se saisit pas lui-même, ils ont encore affaire aux représentants du ministère public lorsque ces derniers ont à saisir le tribunal de quelque infraction à la discipline professionnelle.

Ajoutons que les notaires ont cela de commun avec tous les autres citoyens, qu'ils sont obligés de subir les exigences de l'information lorsqu'ils sont prévenus de quelque crime ou de quelque délit, et que c'est là pour eux une troisième occasion d'entrer en rapports forcés avec les dépositaires de la vindicte publique.

Ce qui, dans les trois cas, complique la situation, c'est qu'en pénétrant dans l'étude d'un notaire, les officiers du parquet peuvent se trouver appelés à connaître non seulement les secrets du notaire, mais aussi les secrets de sa clientèle, à découvrir non seulement ce qui les regarde, mais aussi ce qui ne les regarde pas.

Aussi est-il de la dernière importance de limiter d'une manière précise un droit d'investigation si périlleux pour les clients du notaire, et d'établir une sorte de *modus vivendi* entre les nécessités sociales et la protection des intérêts particuliers dont la garde est confiée à l'officier public.

Le problème est à peu près aussi difficile à résoudre que celui de la quadrature du cercle, et les solutions que nous allons exposer avec la doctrine et la jurisprudence sont loin de donner satisfaction aux deux principes en conflit. On a essayé de faire quelque chose en faveur du secret professionnel, et l'on peut savoir gré à la jurisprudence d'un certain nombre de solutions libérales, mais il ne faut pas chercher à se dissimuler la poussée de conceptions étatiques qui tendent à sacrifier les intérêts particuliers à de prétendus intérêts sociaux.

Les rapports des notaires avec le ministère public touchent à deux points de cette étude : le secret des minutes et des registres et le secret des confidences. Il sera traité au titre III du secret des confidences ; notre examen va, dans le présent chapitre, se restreindre au secret des minutes et des registres.

Nous avons vu au titre Ier que si, dans certains cas, des tiers intéressés peuvent obtenir communication des minutes du notaire, cela ne peut jamais s'entendre que d'actes déterminés et qu'aucune communication globale ne peut être ordonnée par les magistrats ou consentie par l'officier public. Cette solution est-elle applicable aux membres du parquet ? ou le procureur de la République emprunte-t-il à son caractère des droits plus étendus que ceux des particuliers ?

Un jugement du Tribunal de Draguignan du 13 juillet 1868 avait admis au profit des officiers du ministère public la faculté de faire, fût-ce au domicile du notaire, dans l'étude et les papiers de celui-ci, les recherches nécessaires à l'effet d'établir des faits constituant la base d'une poursuite (1).

Cette jurisprudence ouvrait tout grands aux officiers des parquets les dépôts de minutes, moins à raison du dispositif du jugement qui ne visait que la saisie par le parquet du registre d'étude destiné à constater les droits dûs par les clients, qu'à raison des considérants qui admettaient le principe de la liberté des recherches du Ministère public dans « les papiers » d'une étude (2). Elle causa dans le monde notariale une très vive émotion, d'autant plus vive que le jugement de Draguignan fut confirmé par un arrêt de la Cour d'Aix du 28 août 1868.

L'arrêt d'Aix n'a cependant qu'une importance tout à fait relative parce que d'une part, il ne vise que la communication du registre de comptabilité, et que, d'autre part, il s'appuie tout spécialement, presque exclusivement, sur ce que ce registre avait été volontairement remis par le notaire au procureur impérial.

La Cour de cassation fut saisie ; mais elle n'eut pas à se prononcer sur ce qui était la question capitale au point de vue des principes : le pourvoi se

---

1. *J. N.*, n° 26,208.

2. « Attendu que l'action disciplinaire, en ce qui concerne les notaires, appartient au procureur impérial ; que cette action... implique un droit de surveillance, d'où l'on peut conclure que le Ministère public, *qui croit avoir des sujets légitimes de plainte contre un notaire... doit avoir la possibilité de faire... dans l'étude et les papiers de celui-ci les recherches nécessaires,* (S. 69. 1.201) ».

basait, en effet, sur ce que : « il est impossible de considérer le livre de comptes tenu par un notaire comme ayant un caractère public puisque les lois et règlements sur le notariat n'imposent pas la tenue d'un tel livre. La tenue du registre n'étant pas obligatoire, il ne faut voir dans ce registre qu'un document fait pour le seul usage du notaire dans ses relations de toute nature avec ses clients. C'est donc un registre purement privé et d'un caractère tout confidentiel d'autant mieux que, par sa nature, il contient la trace des affaires et des secrets de famille ».

L'arrêt qui intervint le 9 mars 1869 (1) se borne, en rejetant le pourvoi, à constater que l'arrêt d'Aix n'avait violé aucun des textes invoqués par le demandeur.

La question intéressante, celle du droit d'investigation générale du Ministère public dans les papiers publics d'une étude, n'avait été résolue ni par la Cour d'appel, ni par la Cour de cassation, parce que, visée incidemment dans les considérants du jugement de Draguignan, elle n'était pas posée au procès.

Ce qu'il importait aux notaires de savoir c'est si le parquet avait le droit de se faire ouvrir un minutier, dès l'instant que, comme le disaient les juges de Draguignan : « *il croyait avoir des sujets de plainte*

---

1. Sir. *Loc. cit.*

contre un notaire ! » — Sauf, après avoir pris connaissance des dossiers, et violé le secret des minutes ou des registres, à reconnaître que ses soupçons s'étaient égarés ; le droit en somme d'user dans l'étude, sous prétexte de contrôle disciplinaire, de la même liberté que les préposés de la Régie.

Ce qu'il fallait régler, c'était la question de compatibilité d'une investigation des membres du ministère public avec les dispositions des articles 22 et 23 de la loi de l'an XI, et même en remontant plus haut, avec la disposition de l'article 177 de l'ordonnance de Villers-Cotterets.

La question mieux posée fut résolue au profit des notaires par un arrêt de la Cour de Montpellier du 11 juillet 1898.

La Cour décide que :

« Le pouvoir, pour le ministère public de demander la communication des registres d'un notaire pour faire dans les minutes des constatations en dehors de toute inculpation disciplinaire ou criminelle n'est reconnu ni par la loi de ventôse, ni par l'ordonnance de 1843, ni par les décrets du 30 janvier 1890 ».

« Attendu, dit la Cour, que les demandes de M. le Procureur de la République telles qn'elles sont formulées, impliquent un droit absolu et arbitraire d'investigation dans les minutes »...

---

1. *Journal des Notaires,* no 27.133.

Et la Cour rejette la prétention du parquet, prétention grosse de conséquences périlleuses, si l'on considère d'une part le secret des familles qui pourrait être incessamment violé et d'autre part l'effet moral de la visite inexpliquée et inattendue d'un membre du parquet dans une étude dont il se ferait ouvrir les cartons !

Nous croyons pouvoir affirmer sans hésitation qu'en dehors du cas de flagrant délit, le ministère public n'a pas le droit d'exiger qu'un dépôt de minutes lui soit ouvert sur sa seule injonction, que la résistance à une prétention de cette nature est un devoir pour le notaire.

Nous dégagerons donc ce premier principe, c'est que, pas plus que les particuliers, les membres du ministère public ne peuvent prétendre à une communication générale des papiers d'une étude, et que les plaintes dont ils pourraient être saisis à raison de la surveillance qu'ils exercent sur les notaires, ne pourraient les autoriser qu'à se faire communiquer les documents strictement nécessaires à l'instruction de la plainte.

Mais ce n'est là qu'un côté de la question : il en est un autre qui doit être également envisagé : les notaires, dans ce cas, peuvent-ils donner connaissance de leurs actes aux magistrats du parquet sans ordonnance du Président du Tribunal.

L'arrêt de Montpellier de 1898 qui vient d'être étudié porte « que le droit de vérifier les minutes doit être subordonné au droit d'instruire disciplinairement sur un fait précis et déterminé » ce qui semble impliquer que la communication des actes ne peut être refusée par le notaire au Procureur de la République lorsque celui-ci est avisé d'une plainte à raison de laquelle il informe.

On pourrait à la rigueur contester que le Procureur de la République soit dispensé de se pourvoir d'une ordonnance : les articles 22 et 23 de la loi organique, les articles 846 et suivants du Code de procédure civile ne font aucune distinction, et les arrêts s'accordent à déclarer, d'une manière générale, que le droit d'ordonner la communication des minutes des notaires n'appartient qu'aux tribunaux (1). Pourquoi, dès lors, les membres du parquet, lorsqu'ils ont besoin de se faire communiquer un acte, échapperaient-ils à l'obligation de faire ordonner un compulsoire ?

Si conforme aux principes qu'elle puisse paraître, cette solution n'aurait rien de pratique. Pour tourner les exigences de la loi, le Procureur de la République n'aurait qu'à intenter, vaille que vaille, une poursuite disciplinaire qui obligerait le Tribunal à accepter la nécessité d'ordonner un compulsoire comme une sorte de *carte forcée*.

---

1. Cass. 19 juin 1870 (D. 74 1.100). *Rev. du Not.* n° 2.611 ; 30 décembre 1884 (*ibid.* n° 7.147) ; 10 janvier 1884 (*ibid.* n° 7.288) ; Besançon, 9 décembre 1892 (*Ibid.* n° 9.052); Cass. 18 juin 1894 (*Ibid.* n° 9.218). J. N. 25.539).

Nous pensons, en conséquence que, dans le cas où le parquet est saisi d'une plainte disciplinaire, le notaire ne serait pas sûr de son droit de refuser la communication de minutes déterminées, spécifiées dans la réquisition du Procureur de la République et ayant un rapport direct avec le sujet de la plainte (1).

Rutgeerts et Amiaud posent la question non plus sur le terrain disciplinaire, mais sur le terrain délictuel ; leur système n'apparaît pas très clairement ; nous croyons cependant qu'il peut être ainsi formulé.

MM. Rutgeerts et Amiaud distinguent : 1o le cas d'une instruction en matière de flagrant délit commis par le notaire (article 32 du Code instruction criminelle) ; 2o le cas où il existe bien une inculpation contre le notaire, mais où le délit n'est pas flagrant ; ces deux hypothèses nettement visées ; 3o le cas d'une poursuite disciplinaire auquel il n'est pas fait d'allusion positive, mais qui semble néanmoins compris dans la théorie générale qu'ils formulent.

Dans le cas de flagrant délit le procureur de la République peut procéder de la manière prescrite aux articles 32 et suivants du Code d'instruction criminelle, et par conséquent exiger, sans ordonnance préalable, la communication des minutes.

Dans le cas d'inculpation de délit non flagrant, le procureur de la République devra se conformer à

---

1. V. art. de M. E. Lepage. *Rev. du Not.* No 10.471, et Conf. Rutgeerts et Amiaud. T. II, n° 763 *bis*.

l'article 47 du Code instruction criminelle, c'est-à-dire saisir le juge d'instruction qui seul aura le droit de requérir communication de minutes déterminées.

Enfin, s'il s'agit d'une poursuite disciplinaire, MM. Rutgeerts et Amiaud ne donnant pas la solution, on peut en conclure, par un argument *a contrario* (d'ailleurs très faible) que dans la pensée des auteurs, les magistrats du ministère public étant étrangers à l'acte et n'étant pas non plus du nombre des magistrats visés en l'article 23 de la loi organique, une ordonnance du Président est nécessaire pour relever quant à eux, le notaire de l'obligation de garder le secret de ses minutes (1).

Si telle est bien la théorie de MM. Rutgeerts et Amiaud, nous avons exposé les raisons pratiques pour lesquelles nous nous croyons en droit de nous en écarter.

*
* *

Les questions que nous venons d'examiner en ce qui concerne les minutes des notaires se sont posées également au sujet des registres d'étude ; souvent même elles ont été résolues par les mêmes arrêts.

Nous ne parlerons pas ici d'un vieux jugement du tribunal de Montmorillon du 13 août 1845 (2) qui mit jadis en émoi tout le monde notarial et qui sous

1. V. Rutgeerts et Amiaud, *loc. cit.*
2. J. N. N., art. 12.787.

prétexte que les notaires sont des officiers ministériels, décide que le procureur du Roi, chargé de la
surveillance des officiers ministériels par les articles
45, 46, 47 de la loi du 30 avril 1810, a le droit et le
devoir, pour réunir tous les éléments propres à for-
mer son action, de prendre communication des
registres et minutes des notaires toutes les fois qu'il
le juge convenable... Ce jugement était un peu
oublié lorsqu'en 1868, le tribunal de Draguignan (1)
dans une autre décision dont nous avons déjà parlé
plus haut (2), crut bon d'en faire revivre la doctrine
en ce qui concernait le registre de la comptabilité.

« Le ministère public, d'après ce jugement, a le
droit de saisir le registre de comptabilité d'un notaire
contre lequel il veut exercer une action disciplinaire
pour manquement grave aux devoirs professionnels.

« Dans tous les cas, le notaire cité disciplinairement
ne peut demander la restitution immédiate de son
registre, s'il l'a remis volontairement, alors même
qu'il allèguerait que cette remise n'a été faite que
sous la condition de restitution dans un très bref
délai ».

Nous ne nous arrêterons point à examiner la
seconde question résolue par le jugement, pure question de fait et d'appréciation dans laquelle les principes ne sont point engagés.

Nous insisterons en revanche sur les conditions

1. J. N. 19.389.
2. Jugement du 13 juillet 1868.

dans lesquelles le registre du notaire avait été saisi : le parquet n'avait encore intenté aucune action disciplinaire contre le notaire, mais il avait le désir d'en intenter une, et il cherchait dans le registre de comptabilité du notaire une arme qu'il n'avait pas encore à sa disposition.

Il semble même qu'il avait besoin, pour donner un corps à ses soupçons, de faire une étude approfondie de la comptabilité de l'officier public ; c'est ce qui explique la réclamation du notaire perdant patience en présence de la prolongation indéfinie d'un dessaisissement auquel il n'avait consenti que parce qu'il ne pensait pas qu'il dût être de longue durée.

Il y avait d'ailleurs dans le jugement de Draguignan une affirmation bien faite pour soulever l'émotion des notaires, le procureur, d'après le tribunal, « supérieur hiérarchique des notaires, aurait comme « tout chef d'administration, la faculté de se trans- « porter chez ses *subordonnés*, d'y faire des vérifi- « cations, d'y contrôler en un mot, par l'inspection « des papiers et registres, la gestion *des employés* « *sous ses ordres...* » (1)

Subordonnés et employés sous les ordres du parquet, ces qualifications devaient paraître dures à des hommes qui, comme le dit fort bien M. Pellerin, ne sont fonctionnaires publics que de nom (2).

---

1. V. *Rev. du Not.*, no 2.224 avec note de M. Dutruc. La Cour d'Aix (27 août 1869. J. N. 19.474), en confirmant le jugement de Draguignan ne reproduit pas ce considérant (Cass. 9 mars 1869, 19.590).

2. Pellerin. *Rapports des Notaires avec le Ministère public.*

Pourquoi le ministère public n'a-t-il pas le droit de prendre communication des registres de comptabilité des notaires? M. Amiaud en donne une raison qui ne nous paraît pas très bonne : « Nous croyons aussi, dit-il, que les notaires ne sont pas tenus de communiquer leurs registres de comptabilité, si ce n'est dans le cas de plainte portée contre le notaire, de poursuite commencée, ou à l'occasion de l'intruction des traités de cession d'office. Ces registres n'ont, *en effet, aucun caractère légal* » (1). Est-ce donc à son caractère privé que le registre de comptabilité des notaires devrait d'échapper aux investigations du ministère public ? et y serait-il soumis s'il ne présentait pas ce caractère privé? non ; et M. Amiaud transporte dans le domaine des rapports entre les notaires et le ministère public une distinction qui n'existe que dans les rapports des notaires avec la Régie. Celle-ci, en vertu des dispositions formelles de la loi du 22 frimaire an VII, ne peut prendre connaissance de ses papiers privés. Mais en ce qui concerne le ministère public, il n'y a lieu de faire aucune distinction : le procureur de la République ne peut prendre connaissance ni des uns ni des autres en dehors des cas spéciaux qui ont été exposés plus haut.

---

1. Rutgeerts et Amiaud. T. II, p. 1.057. Note 1. Ils ont depuis acquis ce caractère par le décret du 30 janvier 1890.

*
* *

L'arrêt décisif sur la matière est l'arrêt de Cassation précité, du 12 juin 1899, dont la doctrine, en ce qui concerne le point particulier que nous étudions dans ce chapitre, se formule ainsi :

« La prohibition d'une communication générale comprend non seulement les minutes, mais aussi les *registres d'étude*, tels que livres de caisse et grand livre, et doit être annulé, l'arrêt qui ordonne le dépôt au greffe de ces documents, sans prendre aucune mesure pour restreindre leur examen aux seuls points qui intéressent le litige.

« Le principe du secret des actes notariés et des documents qui leur sont assimilés est d'ordre public, et l'exécution par le notaire sans protestations ni réserves, du chef d'un arrêt qui ordonne le dépôt au greffe de ses registres d'étude, ne peut faire obstacle à la recevabilité du pourvoi » (1).

L'arrêt de 1899, fort important par lui-même, emprunte une importance encore plus grande à sa date. On pouvait se demander, en effet, si le ministère public ne puisait pas dans le décret des 30-31 jan-

---

1. Ce n'était pas d'ailleurs la première fois que la Cour de cassation se prononçait sur la question. Elle avait déjà décidé, par arrêt du 3 décembre 1884. (J. N. 23295). « Que la prohibition d'une communication générale doit comprendre non seulement les minutes mais les registres d'étude, tels que le brouillard de caisse tenu par le notaire ». Mais l'arrêt de 1899 a fait l'application du principe aux rapports du notaire avec le ministère public. V. aussi : Cass. 19 janvier 1870.

vier 1890 un droit d'investigation dans la comptabilité des notaires.

L'article 8 de ce décret est ainsi conçu : « Les Chambres de discipline sont chargées de vérifier si la comptabilité des notaires est régulière et si la situation de la caisse spéciale des dépôts est conforme aux énonciations des registres, *sans préjudice des droits de surveillance qui appartiennent au Ministère public* ».

Les expressions finales de l'article 8 étaient dangereuses. Le péril fut néanmoins atténué par la circulaire du ministre de la Justice du 1er mars 1890.

« Loin de diminuer, disait cette circulaire, l'autorité des Chambres de discipline, le décret du 30 janvier a voulu faire de cette autorité la base du régime nouveau. C'est aux chambres qu'il a fait appel ; c'est à elles que les procureurs de la République doivent demander tout d'abord les mesures nécessaires pour l'exacte observation des prescriptions disciplinaires » (1).

Un arrêt de la Cour de Paris du 23 janvier 1896 (précité) a bien soin de constater que le décret du 30 janvier 1890 et l'arrêté ministériel du 15 février suivant n'ont pas modifié le caractère secret des registres tenus par les notaires (2).

Et cependant la question ne peut être considérée

1. V. J. N. N. No 26218.
2. *Rev. du Not.* No 9547. J. N. 24410.

comme définitivement close. Les faits suivants en témoignent :

Mᵉ X..., notaire à R..., avait reçu au mois d'octobre 1895 la visite des délégués de la Chambre des notaires ; et le procès-verbal de vérification avait été envoyé par le Président de la Chambre au parquet avec son avis ainsi conçu : « Mon avis est qu'il n'y a aucune observation à faire à cette vérification dont le résultat paraît satisfaisant ».

Le notaire fut bien étonné de recevoir sept mois plus tard, par l'intermédiaire du Parquet et des mains du commissaire de police de la ville, des observations du Garde des Sceaux fondées sur ce que « les balances n'avaient pas été faites exactement dans le grand livre ».

Mᵉ X... se pourvut devant le Conseil d'Etat à l'effet de faire annuler pour excès de pouvoir les actes de M. le Procureur de la République de R..., en date des 18 et 20 mai 1896 (observations au nom du Garde des Sceaux, et injonction d'avoir à l'avenir à se conformer plus strictement aux règles prescrites pour la comptabilité).

Le Conseil d'Etat : « Considérant que les actes des magistrats de l'ordre judiciaire, dans l'exercice de leur pouvoir de surveillance sur les notaires, ne sont pas de ceux dont il appartient au Conseil d'Etat de connaître en vertu des dispositions de l'article 9 de la loi du 14 mai 1872 » rejeta la requête du notaire (1).

1. *Rev. du not.* Nᵒ 9993. J. N. 26393.

Il n'y a dans cet incident, rien qui soit positive-
ment en contradiction avec les principes que nous
avons exposés. Le Ministère public n'a pas procédé
à une inquisition dans la comptabilité du notaire ;
la vérification a été faite par les délégués de la Chambre et la question de savoir si le Garde des Sceaux
peut s'ingérer dans la discipline notariale en se
constituant pour ainsi dire juge d'appel de la déclaration de la Chambre des notaires, est plutôt sur les
marges de notre sujet que dans notre sujet. On peut
cependant concevoir quelque inquiétude, se demander où la Chancellerie entend placer les limites du
droit de surveillance des parquets et si le secret de
la comptabilité est complètement à l'abri.

CHAPITRE III

Rapports des notaires avec les juges d'instruction.

———.

Nous rappellerons ici l'observation faite au chapitre précédent que nous n'avons à traiter dans cette partie de notre œuvre que du secret des minutes, registres et papiers d'étude.

Deux hypothèses sont à envisager: celle d'une poursuite contre un client du notaire, celle d'une poursuite dirigée contre le notaire lui-même.

A

Poursuite dirigée contre un client du notaire.

Le juge d'instruction peut-il requérir le notaire de lui délivrer la copie d'un acte nécessaire à son information ? L'affirmative ne fait pas de doute. Et nous pensons même que ce procédé est seul compatible avec l'articie 21 de la loi du 25 ventôse an XI : « Le droit de délivrer des grosses ou des expéditions n'appartiendra qu'au notaire possesseur de la minute... »

Nous pensons que le juge d'instruction puiserait dans les pouvoirs généraux qu'il tient de la loi le droit :

1o De se faire délivrer une expédition d'un acte déterminé, ou de certains actes déterminés, sur sa seule réquisition, et sans qu'il soit besoin d'une ordonnance du président du tribunal ;

2o De se faire délivrer une expédition d'un acte authentique demeuré imparfait ;

3o De faire prendre, avec les précautions nécessaires, une reproduction photographique d'une pièce. —Cette pièce fut-elle un testament olographe déposé dans l'étude. Nous ne pensons pas qu'il y aurait lieu dans cette hypothèse d'élever la controverse qui s'est produite dans le cas où la reproduction photographique est demandée par un particulier agissant en qualité de tiers intéressé (1).

La communication, l'expédition ou la reproduction photographique ne pourraient dans tous les cas être obtenues qu'autant que le testateur serait décédé.

1. V. Rutgeerts et Amiaud. T. ll, page 960, n. 679 *ter*.

*
* *

Le juge d'instruction peut-il prendre ou faire prendre par un délégué, un juge de paix par exemple, ou un commissaire de police, copie d'un acte qui lui serait nécessaire pour l'instruction d'une affaire criminelle ?

C'est une question controversée. L'affirmative a été enseignée par Legraverend (1) et admise par un arrêt de la Chambre criminelle du 6 mars 1841.

La doctrine contraire est formulée dans les motifs d'un arrêt du 27 août 1818 : « Attendu que le Code d'instruction criminelle en instituant les juges d'instruction a déterminé d'une manière précise l'étendue et les limites de l'autorité qui leur est confiée...

« Que dans l'exercice du droit de délégation les juges d'instruction sont renfermés dans le cercle étroit des articles 83, 84, 90 du Code d'instruction criminelle » (2).

Or, le dernier de ces articles, visant le cas de perquisition de papiers (art. 90), dispose que : « Si les papiers... dont il y aura lieu de faire la perquisition sont hors de l'arrondissement du juge d'instruction, il requerra le juge d'instruction du lieu où on peut les trouver de procéder aux opérations prescrites par les articles précédents ».

1. Legraverend, t. I, p. 296.
2. Sirey. 1818.1.405.

Ce second système a été défendu par Mangin (1),
Boitard (2), Faustin-Hélie (3). Il est repoussé, affirme
M. Gustave Le Poittevin (4), par une pratique géné-
rale et constante.

Nous verrons tout à l'heure, par le récit d'une sur-
prenante opération judiciaire, combien il mériterait
d'être défendu, et à quels scandales peut aboutir la
« pratique générale et constante » qui lui est opposée. Le système que nous combattons avec Mangin,
Boitard, Faustin-Hélie, se condamnera lui-même par
les inconvénients qu'il présente (5).

Le juge d'instruction peut-il, alors qu'il n'existe
point d'inculpation contre le notaire lui-même, procéder à une perquisition générale dans son étude,
ouvrir les cartons, feuilleter les dossiers, saisir les
minutes et les documents qu'il jugera à propos d'emporter ? Pourra-t-il, en un mot, en se fondant sur les
articles 87 et 88 du Code d'instruction criminelle, se
mettre au-dessus de l'article 378 du Code pénal, des
articles 21 et 23 de la loi de ventôse an XI, en un mot
de toutes les dispositions qui consacrent et protègent
le secret professionnel ?

1. Mangin. *Instruction criminelle.* Tome I, N° 25.
2. Boitard. *Leçons d'Instruc. crimin.* N° 298.
3. Faustin-Hélie. *Instruct. criminelle.* Tome V. N° 481 (ou tome IV. N° 1803
suivant les éditions).
4. Gustave Le Poittevin. *Répertoire de Labori.* V° *Procédure criminelle.*
N° 205.
5. *Adde.* Dans le sens du premier système Bourguignon. *Jurisprudence.*
Tome I, page 195, et Carnot. *Inst. crim.* Tome I, page 326.

Des faits qui ne datent pas de beaucoup plus d'une année donnent à cette question un intérêt d'actualité.

Vers la fin de 1903, un juge de paix, muni d'une commission rogatoire du juge d'instruction « se « transportait dans l'étude d'un notaire de son « arrondissement pour y rechercher les documents « propres à établir la preuve de la constitution fictive « d'une société civile derrière laquelle se serait dis- « simulée une congrégation dissoute, et, comme si le « juge de paix eût tenu à donner à ses investigations « un retentissement particulièrement pénible pour « l'officier public chez lequel il opérait, il n'a pas craint « de s'entourer de l'appareil judiciaire qui pouvait le « moins échapper à l'attention du voisinage, en se « faisant assister de la gendarmerie. Les cartons de « l'étude, les bureaux, les coffres-forts, tout a été « fouillé, sans résultat d'ailleurs, et les espérances « des magistrats inquisiteurs ont été déçues. Mais le « scandale n'en a pas moins été produit, le secret qui « doit couvrir tous les actes accomplis dans les étu- « des de notaire n'en a pas moins été violé ; et il con- « vient de se demander si les magistrats qui ont pres- « crit et opéré cette perquisition se sont maintenus « dans l'exercice de leurs fonctions et s'ils n'ont pas « excédé leurs droits » (1).

Se représente-t-on tout ce que les faits rapportés

1. J. N. Livraison du 31 janvier 1904, no 28.045.

— qui constituent non pas une hypothèse abstraite mais une réalité vécue — recèlent de problèmes inquiétants ?

1º La question de la délégation des pouvoirs du juge d'instruction ;

2º La question bien plus grave, de savoir si, lorsque le notaire n'est pas lui-même l'objet d'une inculpation une perquisition générale peut être faite dans les dossiers, cartons et coffres-forts de son étude ;

3º Celle de savoir si une perquisition pourrait être faite dans une étude à l'occasion d'une « information contre inconnus » ;

4º Celle des limites du droit du juge d'instruction lorsqu'une poursuite est dirigée contre le notaire lui-même.

Nous avons donné la controverse doctrinale soulevée par la première question. Sans contrôler la « pratique constante » qui est affirmée par le témoignage de M. G. Le Poittevin assurément très qualifié pour bien savoir ce qui se passe, nous pourrions nous appuyer sur les faits dont nous avons donné ce récit, pour dire, avec M. Le Poittevin lui-même, que « le juge d'instruction ne peut user de la faculté de déléguer ses pouvoirs qu'avec mesure » (1).

Ce serait assurément l'occasion de faire remarquer qu'il y a inconvénient pour le magistrat instructeur à déléguer à des officiers d'un ordre inférieur et n'of-

_____

1. Répertoire de Labori. Vº et *Loc. cit.*

frant pas comme lui la garantie d'indépendance attachée à l'inamovibilité, le droit de s'introduire dans le domicile des citoyens » que « d'ailleurs, comme le procureur de la République doit assister à la visite, il faut éviter de le placer, ainsi que cela arrivera dans le système contraire, en présence d'un fonctionnaire qui lui soit inférieur, car, dans ce cas, celui-ci ne pourrait déférer à ses réquisitions sans être accusé de manquer d'indépendance » (1).

Ne pourrions-nous pas, en nous inspirant de la pensée même de M. Le Poittevin, dire que « la mesure » avec laquelle le juge d'instruction doit déléguer ses pouvoirs, implique l'existence de *cas réservés* et que la perquisition dans un dépôt de minutes mérite, au premier chef, le droit d'être classée parmi ces cas réservés ?

Ne pourrions-nous même aller plus loin que l'honorable magistrat et soutenir que la pratique combattue par presque tous les auteurs, dont il affirme la généralité et la constance, n'est qu'une tolérance qui ne saurait plus être admise lorsqu'il s'agit d'un intérêt aussi grave que celui du secret professionnel ?

Mais ce n'est là qu'une question de détail : il en est une autre beaucoup plus grave qui doit retenir notre attention. La délégation des pouvoirs du juge d'instruction présente assurément de l'intérêt, mais beaucoup moins que l'existence même de ces pouvoirs.

1. *Ibid.* V° *Commission rogatoire*, n° 9.

Un juge d'instruction peut-il procéder à une perquisition dans une étude, à l'occasion d'une information dirigée contre un client de cette étude ?

Les textes fondamentaux sur la matière sont les articles 87 et 88 du Code d'instruction criminelle.

« Art. 87 : Le juge d'instruction se transportera s'il en est requis, et pourra même se transporter d'office dans le domicile du prévenu pour y faire la perquisition des papiers et effets et généralement de tous les effets qui seront jugés utiles à la manifestation de la vérité ».

« Art. 88 : Le juge d'instruction pourra pareillement se transporter dans les autres lieux où il présumerait qu'on a caché les objets dont il est parlé dans l'article précédent ».

Dans l'espèce, — le notaire n'étant pas prévenu, — c'est de l'application de l'article 88 qu'il s'agit : l'étude du notaire n'est dans l'espèce qu'un de ces « autres lieux » où le juge d'instruction présume qu'il pourra découvrir des effets ou papiers utiles à la manifestation de la vérité. Quels sont les pouvoirs et les droits du juge ? C'est là une question bien grave. Le juge d'instruction peut-il opérer des perquisitions et procéder à la saisie d'actes et de papiers déposés dans l'étude du notaire ? Ecoutons sur ce point M. Faustin-Hélie :

« On peut objecter, dit-il, que l'intérêt des familles exige que les dépôts des actes et des conventions soient inviolables : qu'il importe de maintenir à des fonctions sur lesquelles la société s'appuie, la confiance qui les environne ; que les notaires, soit à titre de dépositaires, soit à titre de conseils des parties, ne peuvent être contraints de faire aucune communication, que les actes qui sont la propriété de tiers doivent être soustraits à tous les regards... »

« Mais ces objections, se demande M. Faustin-Hélie, peuvent-elles être opposées au juge d'instruction qui, entouré de toutes les garanties légales (1), procède à une vérification pour découvrir la vérité d'une prévention ?

« La loi de ventôse admet que les actes des notaires peuvent être déplacés dans les cas qu'elle a prévus (art. 22), et d'autre part, que la communication en peut être ordonnée par le Juge (art. 23).

« Or, le droit de saisie donné au juge d'instruction par les articles 37, 38, 39 du Code d'instruction criminelle est précisément un de ces cas visés par l'article 22 de la loi de ventôse ; et M. Faustin-Hélie, quoiqu'il ne le dise pas très explicitement, considère que le juge d'instruction se couvre lui-même, lorsqu'il fait une perquisition, par une sorte « d'ordonnance du juge » qu'il rend à son profit.

Cette doctrine peut mener loin : Si le Procureur de la République et le Juge d'Instruction ont quel-

---

1. « Un juge d'instruction entouré de toutes les garanties légales. » M. Faustin-Hélie n'avait pas prévu le juge de paix procédant avec le concours des gendarmes et sans la présence du Procureur de la République. Garanties légales ! Quelle ironie dans l'espèce !

que envie de pénétrer les secrets des études de tout un arrondissement, ils n'auront qu'à supposer la recherche d'un fait délictueux. Comme, par exemple, dans l'espèce rapportée, l'existence d'une société fictive derrière laquelle se dissimulerait une Congrégation dissoute (1) et à procéder à une « information contre-inconnue ». Chez quel notaire ces « inconnus » ont-ils bien pu machiner les conventions destinées à mettre les pouvoirs publics en échec ? On l'ignore, il est difficile de dire quelle étude des « inconnus » honorent de leur clientèle. Alors il faudra faire des perquisitions dans toutes les études de l'arrondissement ? On pourra même envoyer des commissions rogatoires à tous les Juges d'instruction de France pour faire procéder à des perquisitions dans toutes les études de tous les notaires ? D'où il résulterait que le Juge d'Instruction saisi de la poursuite, pourrait se faire donner ainsi connaissance de toutes les minutes déposées chez tous les notaires du pays !

C'est une démonstration par l'absurde ; nous ne faisons aucune difficulté d'en convenir. Mais l'on ne saurait soutenir que théoriquement cela n'est pas vrai. La doctrine de M. Faustin-Hélie — et elle n'est pas suspecte, car en même temps qu'un magistrat

---

1. Nous n'examinons pas la question de savoir si un fait de cette nature constituerait réellement ou non un délit, cette question étant tout à fait en dehors de notre matière.

éminent, M. Faustin-Hélie était un jurisconsulte prudent, — doit aller jusque-là.

Mais après avoir établi cette théorie si favorable à la liberté.... des magistrats inquisiteurs, si défavorable au secret professionnel, Faustin-Hélie admet une restriction dont nous dirons, en employant la formule de nos vieux jurisconsultes, « qu'elle est de grande conséquence ».

« Le droit de l'instruction, dit M. Faustin-Hélie, quelque général qu'il soit, n'est point absolu ; il admet nécessairement des limites toutes les fois qu'il vient à heurter des droits non moins élevés, non moins indispensables à la vie sociale que le principe même de la justice répressive. C'est ainsi que les personnes qui ne pourraient déposer sans blesser un sentiment d'humanité, un principe de morale, un droit de la justice elle-même, tel, par exemple, que le droit de défense, sont dispensés... de porter témoignage. Les notaires ne sont pas seulement, suivant les termes de l'article 1er de la loi de ventôse, les rédacteurs des conventions (1), ils sont devenus, dans beaucoup de circonstances, les conseils même des parties (2) ; ils ne sont donc pas seulement dépositaires des minutes des actes qu'ils ont rédigés, ils reçoivent souvent, avec les confidences qui leur sont

---

1. Remarquons pour mémoire que M. Faustin-Hélie s'est rangé ailleurs parmi les champions de la théorie des notaires simples rédacteurs d'actes. Son système n'en est que moins suspect.

2. Cass., 10 juin 1853. *Bulletin*, n° 209.

aites, la communication et le dépôt de papiers, de lettres et de pièces qui portent un caractère confidentiel et ne leur sont remis que sous le sceau du secret. Or, la saisie peut-elle s'étendre à ces papiers ? Lorsque le notaire déclare qu'ils ne lui ont été confiés qu'à titre confidentiel, par suite du secret qui est la loi de sa profession, le juge peut-il aller au delà et en ordonner l'examen ?

« La même distinction qui a été faite par l'arrêt que nous venons de citer (1) en ce qui concerne le témoignage, doit être appliquée aux perquisitions et saisies... Le juge d'instruction doit donc s'arrêter devant la déclaration des notaires que tels ou tels papiers sont un dépôt confidentiel... Le juge ne peut que s'en rapporter à la consciencieuse affirmation de ces fonctionnaires... »

Cette conception des droits et des pouvoirs du juge d'instruction est-elle d'accord avec l'opération du juge de paix délégué qui éventre les cartons, bouscule les dossiers, fait au besoin crocheter le coffre-fort sous la protection de la gendarmerie ? C'est au moins douteux.

Nous pensons que ce ne serait pas rendre justice à la théorie de Faustin-Hélie que de se contenter de la prendre pour une affirmation de principes systématiquement méconnus par la pratique, et que la haute autorité de son éditeur mérite bien qu'on essaie d'en

1. L'arrêt de 1853. La Jurisprudence, depuis l'époque où Faustin-Hélie s'exprimait ainsi, a été plus loin en faveur du secret professionnel, v. *Infrà*, titre III.

tirer un *modus vivendi* régissant les rapports des notaires avec le juge d'instruction.

Supposons qu'un juge d'instruction se présente dans l'étude d'un notaire. Il exhibe le réquisitoire introductif du Procureur de la République qui l'habilite à informer, et dont il se prévaut, soit en vertu de réquisitions spéciales, soit en vertu de ses pouvoirs généraux, pour procéder à une perquisition. Nous pouvons même supposer pour plus de régularité que le Procureur de la République est présent.

— Contre qui est dirigée l'information? demandera le notaire.

— Contre inconnu.

— Cet inculpé ne fait pas partie de ma clientèle...

Et il se refusera à toute perquisition ; il sera d'autant plus fondé à prendre cette attitude que l'article 89 du Code d'instruction criminelle renvoie aux articles 35 à 39 du même Code, et que l'article 39 déclare expressément que la perquisition doit avoir lieu en présence du prévenu ou de son fondé de pouvoir.

Mais l'information n'est pas dirigée contre inconnu ; il y a un prévenu et ce prévenu assiste ou est représenté à l'opération. Le juge d'instruction va-t-il se comporter dans l'étude *cum libera potestate*, fouillant partout où il lui plaira de porter ses investigations?

Non ! répondrons-nous avec Faustin-Hélie, car il n'a aucun droit de prendre communication ou de se saisir des papiers confidentiels ; et du caractère confidentiel des documents sur lesquels il pourrait porter ses mains ou ses regards, ce n'est pas lui, c'est le notaire qui est juge.

Il devra donc se faire apporter le répertoire et, sur ce répertoire, désigner les actes dont il requiert la communication. Le notaire ne pourra pas se refuser à la production de ces actes.

Est-ce tout ? Peut-être la stricte légalité exigerait-elle que le juge d'instruction n'allât pas plus loin. Nous admettons toutefois — et nous croyons faire une grande concession — que le juge d'instruction peut demander aux notaires d'ouvrir certains cartons ou certains meubles ; si dans ces cartons ou dans ces meubles il aperçoit des papiers, il pourra demander au notaire de les lui communiquer volontairement, mais il devra s'incliner devant le secret professionnel de l'officier public, si le notaire déclare que les documents ne peuvent être communiqués à raison de leur caractère confidentiel.

Enfin, pour aller jusqu'à la dernière limite des concessions, et pour ne pas être accusé de vouloir paralyser l'œuvre de la justice, nous admettrions — quoique non sans scrupule — que la perquisition fût faite en présence du Président de la Chambre des Notaires et que celui-ci, lorsqu'il s'élèverait un conflit entre le juge d'instruction et le notaire sur la communicabilité d'une pièce, prît lui-même connaissance du document et décidât si, oui ou non, il doit être placé sous les yeux du magistrat.

Toute investigation qui excèderait ces limites serait, à notre sens, entachée d'illégalité ; le devoir du notaire serait de s'y opposer, son droit d'en demander justice par la voie de la prise à partie (1).

*
* *

Poursuite dirigée contre le notaire lui-même. — Nous avons raisonné, bien entendu, dans l'hypothèse où le notaire n'est ni inculpé principalement, ni englobé dans une poursuite. Si le notaire est prévenu, il devient impossible d'assigner des limites aux droits du juge d'instruction (2).

Et cependant ne serait-il ni nécessaire ni possible d'organiser, en vue de cette lamentable hypothèse, une procédure qui ne tombât point dans l'arbitraire et le chaos ?

De même que, lorsqu'un avocat est plus ou moins directement compris dans une inculpation, il est d'usage et de convenance de procéder à la perquisition en présence du bâtonnier (le fait s'est produit très récemment dans des circonstances que nous n'avons pas besoin de rappeler) le juge d'instruction ne pourrait-il convoquer le Président de la Cham-

1. Conf. Arrêt de Toulouse du 2 mai 1883. *J. N.* 22.960. V° *infrà*, p. 172.

2. Voir néanmoins ce qui sera dit au chapitre V, sur le déplacement de minutes.

bre, qui, par un examen préalable en présence du magistrat, distrairait de l'information les minutes qui ne seraient d'aucun intérêt pour l'information ?

Il y aurait mieux encore à faire : ce serait, lorsqu'une instruction est ouverte contre un notaire, de nommer pour administrer l'étude et garder les minutes, un autre notaire, auquel le juge d'instruction demanderait les communications et les expéditions nécessaires.

Mais ici nous ne nous trouvons plus en face d'une législation existante, mais bien d'une législation à faire ; tout au moins d'une de ces mesures que l'administration centrale est autorisée à prendre pour l'exécution des lois.

Le notariat qui compte dans le Parlement des représentants autorisés pourrait utilement provoquer l'étude de la question dont nous nous contentons d'indiquer les grandes lignes et sur laquelle des voix écoutées sauraient appeler l'attention des pouvoirs publics.

CHAPITRE IV

Investigations des Chambres de discipline.

———

Le décret du 28 janvier 1890 auquel nous avons
eu l'occasion de faire quelques allusions dans le courant de cette étude a chargé les chambres de discipline d'attributions spéciales concernant la surveillance des mesures qu'il édictait. Ces attributions
consistent surtout dans la vérification de la comptabilité et de la Caisse des dépôts. Cette vérification à
laquelle il est procédé au moins une fois l'an par
les délégués de la Chambre, porte évidemment une
légère atteinte au secret professionnel. Savoir si tel
ou tel individu a fait tel ou tel versement de deniers
dans une étude, comment les espèces entrées dans
la caisse en sont sorties, c'est bien souvent un des
secrets que la Justice a cherché à pénétrer (1) et à
raison desquels les notaires se sont trouvés en conflit avec le Juge d'Instruction.

Mais cela ne présente pas de sérieux inconvénients ; et dans tous les cas d'inconvénients assez

———

1. Notamment dans l'affaire Cressent dont il sera longuement traité au
titre III.

redoutables pour compenser les avantages incontes-
tables de cette surveillance. Le choix des délégués a
été d'ailleurs calculé dans le but d'éviter les abus. Il
porte sur des membres ou anciens membres de la
Chambre ou sur des notaires honoraires ; et hors de
Paris, pour les chefs-lieux d'arrondissement et pour
les cantons, sur des notaires étrangers à ces rési-
dences.

Les délégués ont le droit de se faire représenter
sans déplacement, non seulement les registres de
comptabilité, mais tous les actes qui ont pu être l'occasion d'un dépôt.

D'ailleurs ils sont absolument liés eux-mêmes par
l'obligation du secret professionnel, et il n'est pas
douteux que, s'ils se laissaient entraîner à quelque
divulgation, ils tomberaient sous l'application de
l'article 378 du Code pénal.

Le compte-rendu des opérations des notaires véri-
ficateurs est transmis à la Chambre de discipline et
le Président de la Chambre adresse au Procureur de
la République un rapport constatant pour chaque
étude les résultats de la vérification et accompagné
de son avis motivé.

Il n'y a dans la nécessité de ce rapport rien qui
choque les théories que nous avons exposées. Le
rapport dont il s'agit peut signaler les irrégularités de
la gestion, les manquements du notaire en défaut,
mais il est muet sur ce qui concerne les clients de
l'Etude.

Or, ce qui doit demeurer secret, ce n'est pas ce qui intéresse le notaire lui-même, c'est ce qui intéresse sa clientèle. Le secret des confidences ne doit pas être confondu avec les secrets du confident.

CHAPITRE V

Dessaisissement des minutes.

Un dernier point sur lequel il convient d'insister,
c'est qu'il n'est jamais permis à un notaire de se dessaisir d'une minute en dehors des cas prévus par la
loi.

On se sert souvent, et nous nous sommes servis
parfois nous-même de l'expression « saisir une
minute ». Mais il ne faut pas en conclure que la
minute puisse toujours être emportée par le magistrat qui l'a saisie ; le mot saisie a, comme on le sait,
un sens assez élastique : la saisie d'une créance (sai-
sie-arrêt) n'a d'autre effet jusqu'au jugement de validité que d'empêcher le paicment valable de cette
créance.

Le texte sur la matière est l'article 22 de la loi
organique : « Les notaires ne pourront se dessaisir
d'aucune minute si ce n'est dans les cas prévus par
la loi, et en vertu d'un jugement ». Disposition
comprise dans la pratique en ce sens que le dessaisissement doit être ordonné, soit par un tribunal, soit
par un magistrat compétent.

C'est une question controversée de savoir si un notaire peut refuser d'effectuer l'apport d'une minute, si un jugement ou une ordonnance le prescrit en dehors des cas prévus par la loi.

D'après un premier système, les cas indiqués par la loi ne seraient pas limitatifs et par conséquent l'apport d'une minute au greffe serait obligatoire pour le notaire dépositaire s'il était, en dehors des cas spécifiés par le législateur, ordonné par une décision de justice.

Ce système a été consacré par divers arrêts notamment :

1o Par un arrêt de la Cour de cassation du 6 janvier 1830 (1). Cet arrêt rejetait un pourvoi contre une décision de la Cour de Rouen du 12 juillet 1827 où nous relevons le considérant ci-après qui se réfère à la question : « Considérant que, d'après l'article même de la loi sur le notariat, les juges ont le droit d'ordonner l'apport des minutes d'actes dans les causes où cette inspection peut éclairer leur religion » (2);

2o Par un arrêt de Bourges du 30 décembre 1829 (3), et un arrêt de Bordeaux du 14 août 1841 (4), qui, tous deux ont décidé que le président chargé de la taxe, des actes notariés (décret de 1807) peut exiger, pour

1. Sirey, 1830. 1. 147 (Bourgeois).
2. V. Rutgeerts et Amiaud. Tome II. P. 1023.
3. Sirey 1830. 2. 149.
4. J. N. article 11.341.

faire cette taxe, l'apport par le notaire des minutes dont il y a lieu de fixer les frais.

Mais la théorie contraire est soutenue par M. Amiaud (1), par Gagnereaux, par Rolland de Villargues, qui enseignent que le dessaisissement des minutes ne peut être ordonné judiciairement que dans les cas spécialement prévus par la loi.

« On ne peut croire, dit de son côté Dalloz, qu'il ait été dans l'intention du législateur de permettre aux tribunaux d'ordonner à leur gré une mesure toujours coûteuse et susceptible de beaucoup d'inconvénients ».

Ce second système a été consacré par un arrêt de Gand du 11 mai 1871 (2).

« En tous cas, dit M. Amiaud (3), si ce dessaisissement est ordonné, il doit toujours avoir lieu dans les formes, et avec les précautions prescrites par l'article 22 de la loi de ventôse (établissement et signature d'une copie figurée et apport de la minute fait par les soins de l'officier public).

« Dans toute autre circonstance, un Juge d'Instruction n'aurait donc pas le droit, soit par lui-même, soit par l'intermédiaire du juge de paix chargé de commission rogatoire, de requérir, en vertu d'une ordonnance, la remise d'une minute, et au cas de refus, de faire appel à la force publique pour ouvrir

1. Note sur Rutgeerts. Tome II, pages 1022 et 1023.
2. Pasicrisie, 1871.2.428.
3. Amiaud, *Loc. cit.*

le minutier du notaire et *saisir* l'acte recherché (1). Ces moyens violents sont inconciliables avec les formalités préalables et protectrices édictées par la loi et le notaire a le droit et le devoir d'y résister. »

« Il le pourrait surtout, à bon droit si, comme dans une espèce pour laquelle nous avons été consulté, l'acte qu'il s'agissait de saisir avait été dressé pour servir à la défense du prévenu et s'il y avait lieu pour le notaire d'appuyer sa résistance sur le secret professionnel jusqu'à ce qu'il en ait été autrement ordonné par justice » (2).

Un arrêt de Toulouse du 2 mai 1883 esquive la controverse au lieu de la résoudre : après avoir cité les articles 22 de la loi de ventôse an XI, les articles 87 et 88 du Code d'instruction criminelle, la Cour s'exprime en ces termes : « En présence de ces dispositions dont la portée et la combinaison peuvent donner lieu à des interprétations diverses la question de savoir si le juge d'instruction est autorisé à saisir immédiatement, sans aucune mesure préalable, par lui-même ou par un auxiliaire délégué, hors de la présence du Ministère public exigée par l'article 62, une minute d'acte dans l'étude d'un notaire d'ailleurs non incriminé, peut présenter un doute sérieux et de véritables difficultés ».

---

1. La question de savoir si le minutier peut être ouvert de force même pour rechercher la minute a été examinée plus haut. V. *suprà*, pages 152 et s.

2. En ce sens, Toulouse, 2 mai 1883 (Sirey, 1883.2.209 et la note). J. N. 22.960.

Nous voilà bien avancés ! La Cour, après ces considérants diplomatiques, déclare que le notaire X. n'a
commis aucune faute en se refusant à laisser saisir par
le juge de paix, agissant en vertu d'une commission
rogatoire du juge d'instruction, une minute de son
étude.

La pratique ne peut rester dans l'incertitude où la
laisse l'arrêt de la Cour de Toulouse. Pour nous, le
déplacement, et par conséquent, la saisie des pièces
ne peuvent avoir lieu que dans le cas de faux (art.
452 à 455 C. instr. crimin.). Le déplacement sous la
forme d'un simple apport par le notaire peut aussi
se produire, conformément aux articles 200, 202, 221
du Code procédure civile, dans le cas de vérification
d'écriture ; mais c'est tout.

Que l'on ne dise pas que la tâche du juge d'instruction sera rendue impossible. Nous avons fait
observer au début de ce chapitre que le mot « saisie » n'implique pas nécessairement l'idée d'enlève-
ment. Quand on saisit un immeuble, on ne l'emporte
évidemment pas ; quand on saisit même des meubles, ils ne sont pas distraits sur le champ du lieu
où ils se trouvent ; on se contente de constituer un
gardien.

Nous prétendons pour notre part qu'en dehors du
cas de faux, la saisie d'une minute ne peut être entendue autrement. Elle reste dans le minutier sous la
garde du dépositaire commis qui est nécessairement
le notaire lui-même, si l'inculpation n'est pas dirigée

contre lui, qui est le notaire chargé de la garde des minutes, si, à la suite d'une inculpation dirigée contre lui-même, le dépositaire normal des minutes a été dessaisi de son droit de garde.

La controverse est très vive sur ce point ; et ne semble pas près de finir. Mais peut-être n'est-elle si vive, que parce que l'on confond dans la discussion le droit du juge d'instruction de prendre connaissance des actes, avec celui de les emporter.

« Peut-on, dit une note du Recueil de Sirey sous l'arrêt de Toulouse, faire valoir l'intérêt des familles à l'encontre du juge d'instruction, qui, entouré de toutes les formalités légales, procède à une vérification pour découvrir la vérité d'une prévention ? »

La réponse est facile. « En quoi le juge d'instruction est-il gêné dans sa vérification parce que la pièce soumise à ses investigations reste à sa disposition là où elle doit être » ?

Et revenant à une idée que nous avons déjà effleurée à deux reprises dans le cours de notre étude, le déplacement n'est-il pas aujourd'hui d'autant plus difficile à justifier que la science et l'industrie contemporaine offrent au magistrat un moyen sûr d'avoir à sa disposition un fac-similé rigoureusement exact, rigoureusement fidèle de la pièce nécessaire à son information ?

TITRE III

LE SECRET DES CONFIDENCES

Observations générales et division.

———

Nous avons examiné jusqu'ici le secret des minutes, le secret des registres des notaires ; il nous reste à étudier, — et ce n'est pas la partie la moins épineuse de notre travail, — le secret des confidences.

Nous nous sommes attachés à démontrer, dans les chapitres précédents, que l'étude du notaire était une sorte de tabernacle qui ne devait ouvrir ses portes ni pour laisser échapper les documents confidentiels qu'elle abrite, et qu'elle emprisonne tout à la fois, ni pour laisser pénétrer les investigateurs indiscrets. Si l'étude est un tabernacle, — qu'on nous pardonne cette expression un peu ambitieuse, — la conscience du notaire en est un autre ; et cette conscience, pas plus que l'étude, ne doit pouvoir livrer ni spontanément, ni sous l'empire d'une influence extérieure, les secrets dont elle a le dépôt.

L'article 378 du Code pénal, siège et règle de la

matière, est ainsi conçu : « Les médecins, chirurgiens et autres officiers de santé, ainsi que les pharmaciens, les sages-femmes et autres personnes dépositaires par état ou profession des secrets qu'on leur confie, qui, hors les cas où la loi les oblige à faire connaître ces secrets, les auront révélés, seront punis d'un emprisonnement de huit jours à six mois et d'une amende de 100 francs à 500 francs ».

Disons, pour n'avoir plus à y revenir, que depuis la loi de revision de 1832, il n'existe plus de cas où les personnes d'ordinaire tenues au secret professionnel soient obligées de trahir les confidences qu'elles ont reçues (1).

L'article 378 se présente sous un double aspect : c'est une règle de répression et c'est une règle de protection. La loi, qui impose explicitement l'obligation de garder le secret professionnel, accorde implicitement et par voie de conséquence la faculté de le défendre contre les investigations.

L'obligation de se taire entraîne *a fortiori* la faculté de se taire : et c'est au point de vue de cette faculté

1. DE LA DÉNONCIATION CIVIQUE. *Loi du 3 brumaire an IV.*

Article 87 : « Tout citoyen qui a été témoin d'un attentat soit contre la liberté, la vie ou la propriété d'un autre, soit contre la sûreté publique ou individuelle, est tenu d'en donner aussitôt avis au juge de paix du lieu du délit ou à celui de la résidence du prévenu ».

Le Code pénal en remplaçant la loi du 3 brumaire an IV (Code des délits et des peines), avait laissé subsister l'obligation de la dénonciation en ce qui concernait les crimes intéressant la sûreté intérieure ou extérieure de l'Etat (art. 103 à 107). Les dispositions ont été abrogées par l'article 12 de la loi du 28 avril 1832.

surtout que le secret professionnel des notaires a été étudié par la jurisprudence et par la doctrine.

C'est en ce qui concerne le refus de déposition devant les juridictions civiles et criminelles que la question a été surtout agitée. Pour ne pas revenir deux fois sur les mêmes argumentations, nous supposerons résolue, dans la première partie de notre étude, la question de l'applicabilité aux notaires de l'article 378 du Code pénal, puisque tous les arrêts que nous pourrions invoquer et qui consacrent cette applicabilité ont été rendus à l'occasion de refus de témoignage.

On nous pardonnera sans doute cette infraction aux règles rigoureuses de la méthode. Notre exposition n'y perdra que bien peu de chose, si même elle perd quelque chose, au point de vue de la clarté, et elle y gagnera une rapidité très appréciable si l'on considère la longueur et l'importance des documents capitaux que nous avons à examiner.

Nous envisagerons d'abord l'article 378, sous son aspect répressif, puis sous son aspect protecteur. De là, la division de ce titre en deux grands chapitres consacrés, le premier aux révélations spontanées, le second aux confidences provoquées par la justice.

CHAPITRE I

Les révélations spontanées.

Section I

La loi du secret professionnel

Tout confident, comme le fait remarquer M. Garraud, doit garder les secrets qu'on lui confie. C'est pour lui, une obligation morale, mais ce n'est qu'une obligation morale : d'où cette double conséquence que : 1° dans certains cas, il est obligé de parler, malgré la promesse de secret qu'on aurait pu obtenir de lui ; 2° s'il trahit, dans des conditions où il n'y est pas obligé, le secret dont on l'a fait dépositaire, il n'encourt aucune responsabilité pénale ; et il n'encourrait une responsabilité civile, que dans le cas où les révélations qu'il aurait laissées échapper prendraient le caractère d'un fait délictuel : par exemple si ces révélations affectaient le caractère d'une diffamation. Il ne faut pas en effet perdre de vue que la divulgation d'un fait vrai, qu'une simple médisance, peut, aussi bien qu'une calomnie, donner ouverture à une action en diffamation.

Ce que nous venons de dire doit s'entendre du confident *ordinaire*, de celui qui n'est désigné à la confiance par aucun titre, par aucun caractère particulier.

Tout autre est la condition du confident *nécessaire*. Il n'a jamais, comme nous essayerons de le démontrer dans le chapitre suivant, l'obligation de parler ; — il a généralement, et sauf des exceptions qui ne sont pas admises par tout le monde, l'obligation de se taire. — C'est pour lui qu'est fait l'article 378 du Code pénal, et cet article, pour parler toujours le langage de M. Garraud, punit ceux qui parlent et non plus ceux qui se taisent (1).

Quelle est la raison de cette différence? C'est le caractère qui est imprimé par la loi elle-même au confident nécessaire. Tel est du moins notre sentiment, car nous ne partageons pas l'opinion de M. Muteau, qui voudrait étendre l'obligation et le privilège du secret professionnel aux agents d'affaires, c'est-à-dire à des mandataires dépourvus de tout caractère légal (2).

Pourquoi la loi fait-elle à ces confidents nécessaires une situation à la fois périlleuse et privilégiée? Parce qu'elle les considère pour ainsi dire comme

1. Garraud. *Traité de Dr. pénal francais*, tome V, n° 2.064.
2. Muteau. *Du secret professionnel*. P. 482-483.

des confesseurs : *quoniam eis tanquam confessoribus veritas aperitur.*

Aux uns elle a conféré un grade, délivré un brevet, qui lui donne le droit d'exiger d'un individu qu'elle a pour ainsi dire marqué de son estampille des devoirs spéciaux : — c'est le cas des médecins, des officiers de santé, des pharmaciens, des sages-femmes, etc... Des autres, elle a exigé un serment professionnel : c'est le cas des avocats et des notaires.

Les panonceaux des notaires sont une enseigne qui promet la discrétion : et la loi ne permet pas aux hommes qui ont l'honneur d'en parer leur porte, de mentir aux promesses de cette enseigne (1).

Telle est, si nous pouvons nous exprimer ainsi, la philosophie du secret professionnel, dans tous les cas son fondement juridique. Le secret professionnel, c'est celui qui est confié moins à l'homme qu'à la profession (2).

Qu'on ne se méprenne pas cependant à notre langage. Il n'est pas nécessaire qu'il existe un rapport

1. Ce n'est pas une image. C'est, en effet, en signe de sauvegarde spéciale que Charles VI, en 1411, ordonna que les notaires mettraient à leur maison des panonceaux aux armes de France. Les panonceaux sont donc l'emblème et la garantie de l'inviolabilité du dépôt des minutes.

La même ordonnance défendait aux notaires d'occuper des maisons exposées à des inondations ou à des incendies, ou de placer leurs minutes dans des lieux humides.

En 1575, à la suite d'une catastrophe qui détruisit les minutes d'un notaire, un édit défendit à ces officiers publics d'habiter une maison construite sur un pont, comme il en existait tant à cette époque.

2. Garraud : *op.* et *loc. cit.*

Recullet   12

entre le caractère du fait révélé et le caractère de la profession qui a déterminé la confidence. Il y a *un secret professionnel* qui doit envelopper toutes les confidences faites aux individus exerçant certaines professions : il n'y a pas *des secrets professionnels.* Dans l'ensemble des confidences qui lui sont faites, l'homme obligé par ses fonctions à une discrétion spéciale n'a pas à opérer un tri. Le notaire, pour parler plus spécialement du sujet qui nous occupe, ne peut faire un partage de l'ensemble des secrets dont il est dépositaire, et dire : « Celui-ci a été confié à l'homme, celui-là remis en dépôt au notaire ».

Rien de plus compréhensif que ce mot « secrets confiés » : cela s'applique même aux secrets surpris à cause de la confiance qui s'attache à la profession.

Il n'est même pas nécessaire, d'après la plupart des auteurs, que le fait soit absolument inconnu du public. Le notaire doit garder tous les secrets, même ceux que la langue courante appelle plaisamment « les secrets de Polichinelle » (1).

C'est là la théorie : mais il va sans dire qu'à la question de droit pur se mêleront, dans la pratique, des considérations de fait qui modifieront singulièrement la responsabilité pénale, civile ou disciplinaire du notaire, et l'atténueront parfois jusqu'au point de l'anéantir.

La loi a ses exigences, mais le bon sens a ses droits,

1. Garraud, *op. cit.*, n° 2.066.

et les tribunaux n'appliquent pas la loi rien que
pour le plaisir de faire dire : *summum jus summa
injuria.*

Pour appliquer sainement l'article 378 du Code
pénal il faut bien se pénétrer de son but : « Cet article,
dit Rutgeerts, a évidemment pour but la conservation de l'honneur et de la considération des familles
qui pourraient être compromises par les révélations
indiscrètes et imprudentes d'un accoucheur, d'un
avocat ou d'un notaire. — Par exemple, un notaire a
reçu sous le sceau du secret, l'acte de la reconnaissance d'un enfant naturel faite par une femme pour
réparer une faute de jeunesse, ou bien il a reçu un
testament, renfermant un avantage fait en faveur
d'un parent pour réparer une grave injustice dont
le testateur lui a révélé le secret : dans ces conditions, les indiscrétions et les révélations imprudentes
faites par les notaires pourraient être considérées à
notre avis comme tombant sous l'application de
l'article 458 du Code pénal (notre article 378) ».

*
* *

᾿Précisons bien les conditions du délit :

1° Il faut qu'il y ait révélation de secret ; mais il
n'est pas nécessaire qu'il y ait publication. La révélation à une seule personne suffirait parfaitement
pour donner ouverture aux poursuites de l'article 378 (1).

1. Garraud, *op. cit.*, n° 2.067.

Que faudrait-il penser de la révélation faite non à un particulier mais à la Justice ? Si cette révélation était faite sous la forme d'un témoignage, elle sortirait du domaine des révélations spontanées et tomberait dans le domaine des questions qui seront longuement traitées ci-après.

Si elle était faite sous la forme d'une dénonciation elle tomberait certainement, décide M. Garraud, sous l'application de l'article 378 (1).

Ni M. Garraud, ni aucun autre criminaliste, n'a insisté sur la question de savoir si l'article 29 du Code d'instruction criminelle ne se trouvait pas en opposition avec l'article 378 du Code pénal.

Cet article qui oblige « tous officiers publics qui ont acquis la connaissance d'un crime ou délit dans l'exercice de leurs fonctions à en donner connaissance au Procureur de la République » est-il applicable aux notaires ?

La loi serait singulièrement peu conséquente avec elle-même, si, en même temps qu'elle désignerait un homme à la confiance du public, elle lui imposait le rôle de Judas ! Aussi, verrons-nous bientôt que dans le célèbre arrêt Cressent par lequel elle refusa aux notaires le droit de se retrancher derrière le secret professionnel, elle ne releva pas l'article 29 du Code d'instruction criminelle qui avait cependant été visé par l'ordonnance du juge d'instruction

---

1. Garraud, *op. cit.*, n° 2.069.

dont la cassation était demandée par le notaire.

Aussi devons-nous croire — et le point n'est contesté aujourd'hui par personne — que la révélation spontanée faite à la justice sous la forme d'une dénonciation par un notaire qui aurait reçu la confidence d'un fait délictueux, ne pourrait être considérée que comme une action honteuse, et nous pensons qu'il faut aller plus loin, qu'il faut décider qu'elle donnerait ouverture à l'article 378 » (1).

Il est bien entendu, que le notaire ne serait punissable qu'autant qu'il aurait connu les faits comme notaire. Un notaire qui rencontrerait un cambrioleur dans l'escalier de l'immeuble où est son étude, aurait, comme n'importe quel citoyen, le droit et même le devoir d'avertir la justice ;

2o Il faut que la révélation ait un caractère précis, qu'elle désigne l'individu auquel elle s'applique de façon qu'il soit reconnu. Il ne serait pas nécessaire que le nom de la personne fut divulgué, si les détails qui accompagnent la divulgation suffisaient à l'identifier ;

3o Il n'est pas nécessaire que la révélation soit faite dans l'intention de nuire. Le notaire qui, par inadvertance ou par légèreté révélerait une confidence qui lui a été faite à l'occasion de l'exercice de ses fonctions, manquerait à l'un de ses devoirs essentiels. Il est admis depuis longtemps que son acte consti-

____

1. Garraud, *loc. cit.*

tuerait une infraction disciplinaire (1) ; mais la Cour de Paris a été plus loin et, par un arrêt du 5 mai 1885 (2) qui fit beaucoup de bruit, elle a décidé que la disposition de l'article 378 du Code pénal qui interdit à toutes personnes dépositaires par état ou profession des secrets qu'on leur confie, est absolue et d'ordre public ; et, si la volonté de révéler le secret au public constitue un élément nécessaire du délit, la loi n'exige pas, pour que la peine soit applicable, une intention spéciale de nuire à la personne dont le secret est divulgué.

Il s'agissait, dans l'espèce, non d'un notaire, mais d'un médecin, le docteur W..., qui avait adressé au gérant du journal *Le Matin*, une lettre sur les causes de la mort du peintre Bastien Lepage. Mais les termes de l'arrêt sont absolument généraux (L'arrêt de la Cour de Paris rappelle même des décisions de jurisprudence où les notaires sont visés).

Cet arrêt nous a été signalé par un éminent professeur de la Faculté de Paris, comme un « tournant » de la Jurisprudence, comme le point de départ d'une évolution qui a eu pour résultat de faire consacrer d'une manière plus nette et plus énergique la rigueur du secret professionnel des personnes visées explicitement ou implicitement par l'article 378 du Code pénal.

1. Lefèbvre. *Discipline notariale*, n° 449. Delacourtie et Robert. *Discipline des notaires*, n° 296.
2. Sirey. 1885. 2. 121.

L'arrêt W... posait, en l'exprimant assez mal, le principe d'une distinction très juste et très souvent méconnue entre *l'intention* et *la volonté.*

La *volonté*, comme le dit M. Villey dans une note sous l'arrêt, consiste à faire un acte librement ; l'*intention* (*in tendere*) consiste à vouloir, à désirer les conséquences de l'acte que l'on commet ; l'intention coupable, c'est le désir d'obtenir les conséquences illégitimes de l'acte que l'on fait».

L'intention est presque toujours un élément de l'imputabilité pénale ; et nous pensons qu'elle doit être exigée toutes les fois que la loi n'a pas dit ou donné à entendre le contraire. La loi n'a pu mettre sur la même ligne la faute intentionnelle et la faute non intentionnelle.

L'intention est-elle nécessaire au délit prévu par l'article 378 ?

Chauveau et Faustin-Hélie (1) décidaient la négative : « Si, disaient-ils, l'on fait abstraction de l'intention de nuire, il ne reste plus qu'un fait matériel préjudiciable sans doute, mais dépouillé de la criminalité qui seul le rend punissable ».

Cette doctrine est écartée, à tort ou à raison, par la Cour de Paris — à bon droit, déclare M. Villey — et nous nous rallions à cette opinion.

Dans le sens du système que nous croyons devoir adopter, on invoque :

---

1. Chauveau et Faustin-Hélie. *Théorie du Code pénal,* t. V, n° 1872.

1° Le texte même de l'article 378, qui ne mentionne pas l'intention de nuire, qui n'intercale pas les mots « méchamment » « frauduleusement » « avec connaissance » « dans le dessein de nuire », qui figurent si souvent dans les articles de notre Code pénal ;

2° Les travaux préparatoires : Nous lisons, en effet, dans l'exposé des motifs : « Ne doit-on pas considérer comme un délit grave, des révélations qui souvent ne tendent à rien moins qu'à compromettre la réputation de la personne dont le secret est trahi, à détruire en elle une confiance devenue plus nuisible qu'utile, *à déterminer ceux qui se trouvent dans la même situation à mieux aimer être victimes de leur silence que de l'indiscrétion d'autrui, enfin à ne montrer que des traîtres dans ceux dont l'état semble ne devoir offrir que des êtres bienfaisants et de vrais consolateurs* » (1).

Que l'on pèse bien les deux motifs invoqués : le premier vise un intérêt privé ; le second, celui dont nous avons souligné les termes, un intérêt public, le crédit des professions désignées par le législateur à la confiance du public.

Or, ce préjudice social existe en dehors de toute intention de nuire à une personne déterminée ; et justifie l'application de l'article 378 même quand cette intention n'existe pas.

Aussi dirons-nous avec M. Villey : puisque l'obli-

---

1. Locré. *Législat. crim.*, Tome XXX, page 494.

gation de garder le secret est un devoir professionnel, la violation de ce devoir et le trouble social qui
en résultent suffisent à constituer le délit, la loi
n'ayant pas exigé d'autre condition (1).

Cette théorie est bien, croyons-nous, celle du Code
pénal. Certaines législations étrangères exigent, au
contraire, pour que la révélation de secrets soit
punie, que cette révélation cause un préjudice privé : par exemple l'article 163 du Code pénal italien,
article 328 du Code hongrois.

*
* *

La révélation par un notaire d'un secret dont il
doit la connaissance à sa profession l'expose : 1° à
une poursuite pénale ; 2° à un action en dommages
intérêts ; 3° à une action disciplinaire.

La responsabilité pénale est formulée par l'article
378 Code pénal. Nous avons vu qu'elle peut se tra-
duire par un emprisonnement d'un à six mois et une
amende de cinquante à cinq cents francs, sauf application, bien entendu, de l'article 463 du Code pénal.

La responsabilité civile est basée sur l'article 1382
du Code civil et sur les articles 1 et 2 du Code d'instruction criminelle ; la responsabilité disciplinaire
sur l'article 12 de l'ordonnance du 4 janvier 1843.
Ce dernier article ne vise point expressément les

____

1. Villey, *op. et loc. cit.*

faits dont nous traitons dans cette partie de notre étude; mais il a été précisé par une circulaire du Garde des Sceaux du 12 janvier 1843, que l'article 12 de l'ordonnance n'est qu'énonciatif, et tel fait que la loi pénale ne saurait atteindre ne laisse pas pour cela de tomber sous le coup d'une répression disciplinaire (Cass., 16 février 1863) (1).

Il en résulte que, parmi les faits qui constituent un manquement au devoir du secret professionnel, il en est qui pourront faire l'objet d'une poursuite disciplinaire, alors que le tribunal correctionnel n'en saurait être saisi : la loi pénale exige, en effet, pour son application, une précision dans le caractère des faits qui ne se rencontre pas au même degré dans tous ceux qui légitiment l'intervention des chambres de discipline.

De même, nous estimons que des faits qui ne tombent pas sous l'application de l'article 378, seraient suffisants s'ils causaient un préjudice pour motiver une demande de dommages-intérêts fondé sur l'article 1382.

*
* *

Qu'il nous soit permis de poser ici une question que nous croyons inédite, dans notre droit contemporain, mais qui n'a pas échappé à l'attention de

1. Sirey, 1863. 1. 388.

l'ancien droit, ou, de notre temps, à certaines législations étrangères.

Les clercs de notaire sont-ils du nombre des personnes qui tombent sous l'application des dispositions pénales de l'article 378 ?

On sait ce qui se passe dans les études de notaires un peu importantes, surtout dans les études de Paris, et combien de fois les confidences passent par le « Principal » avant de parvenir jusqu'au « patron » — auquel parfois même elles ne parviennent pas.

Qu'arriverait-il si le « principal » divulguait un secret qui lui aurait été confié ? Ce clerc principal est-il un confident nécessaire ou un confident ordinaire ? Nous aurons à parler, dans la section suivante, d'une sentence du Châtelet, qui décida anciennement que Me Dulion, notaire, et *son clerc*, seraient au besoin contraints par corps de déposer ; — ce qui prouve bien que Me Dulion et son clerc se retranchaient l'un et l'autre derrière le secret professionnel.

Nous allons voir plus loin que le droit allemand punit d'amende et de prison les notaires et *leurs aides* qui trahissent les secrets à eux confiés.

Que faut-il décider dans notre droit français actuel ?

Le problème est beaucoup plus complexe que l'on ne pourrait se l'imaginer au premier abord ; il s'agit, en effet, de décider :

1° Si la violation du secret professionnel par le

clerc qui a reçu la confidence engage la responsabilité pénale du patron ;

2° Si elle engage la responsabilité civile de ce même patron ;

3° Si elle engage la responsabilité pénale du clerc indiscret ;

4° Si elle engage sa responsabilité civile.

Et l'on pourrait ajouter la question de savoir si des responsabilités disciplinaires ne sont pas en outre encourues.

Il importe avant tout de bien préciser les données du problème. Il ne s'agit point ici de secrets qui, confiés au patron, auraient été communiqués par celui-ci à un clerc. En ce cas la situation est parfaitement simple : le délinquant n'est autre que le notaire lui-même, c'est lui qui devrait encourir la responsabilité pénale, civile et disciplinaire.

Nous pensons toutefois que, même dans cette hypothèse, le clerc indiscret n'échapperait pas à une répression disciplinaire personnelle ; puisque, d'une manière générale, l'action disciplinaire de la Chambre s'exerce sur tous les aspirants au notariat qui peuvent être frappés, soit de rappel à l'ordre, soit de censure, soit de la suppression du stage déjà acquis (1).

Mais la question vraiment intéressante se pose,

---

1. Décret du 6 juillet 1880, article 115. Ordonnance du 16 janvier 1843.

lorsque le clerc est le premier confident, parfois même l'unique confident du client de l'Etude.

Il nous paraît tout d'abord impossible de rendre le patron responsable devant une juridiction quelconque de l'indiscrétion de son clerc. Cela ne fait aucun doute à nos yeux au point de vue de la responsabilité pénale.

L'élément matériel fait défaut chez le patron ; il en est de même de l'élément intention et même de l'élément volonté. Donc pour lui pas de responsabilité pénale possible.

Nous en dirons autant de la responsabilité disciplinaire ; elle nous apparaît en effet comme constituant une responsabilité pénale d'ordre professionnel et spécial.

Reste la responsabilité civile du notaire, que l'on pourrait considérer comme découlant de l'alinéa 3 de l'article 1384 qui rend le commettant responsable du dommage causé par son préposé dans l'exercice des fonctions auxquelles il l'a employé. L'article 1384 est d'une application très générale, et nous ne pensons pas que les notaires puissent y échapper à l'occasion des fautes commises par leurs clercs. On pourrait dire, cependant, que le notaire ne charge pas ses clercs de recevoir les confidences de sa clientèle ; mais cette objection ne résisterait pas à la doctrine universellement admise par les auteurs et les arrêts que le préposant est responsable lors même que le préposé a agi sans ordres ni instructions.

Le notaire d'ailleurs est en faute d'avoir désigné à la confiance du public, en l'investissant de fonctions délicates, un collaborateur qui n'avait pas conscience de toutes ses obligations.

Envisageons donc maintenant la question sous son second aspect, et demandons-nous quelles sont les responsabilités du clerc indiscret ?

Sa responsabilité disciplinaire, comme nous l'avons dit déjà, nous paraît hors de doute.

Sa responsabilité civile découle également à notre avis de la généralité de l'article 1382.

Reste sa responsabilité pénale. Pour les auteurs qui, comme M. Muteau, admettent que l'obligation du secret professionnel pèse même sur les agents d'affaires (1), l'article 378 du Code pénal pourrait être appliqué même à un clerc de notaire.

Sans doute l'énumération de l'article 378 n'est pas limitative ; mais nous croyons, avec M. Garraud (2), qu'elle ne vise que les confidents nécessaires « ceux à qui l'on est obligé de s'adresser ».

En fait, on n'est nullement obligé de s'adresser à un clerc de notaire, fût-il le « principal » de l'Etude ; en droit la question nous semble dominée par le principe « *nulla pœna sine lege* ». Nous estimons en conséquence que le clerc indiscret n'est pas exposé à une poursuite correctionnelle.

D'ailleurs le client doit s'imputer à lui-même de

1. Muteau, *op.* et *loc. cit.*
2. T.V. p. 361.

s'être imprudemment ouvert à un confident sans qualité, et non au notaire lui-même.

*
* *

Législations étrangères. — Notre législation n'est pas la seule à punir les révélations de secrets quand elles sont commises par des personnes que leur profession en fait les dépositaires.

Nous avous pu remarquer déjà que l'article 458 du Code pénal de Belgique n'est autre que notre article 378 dont il reproduit intégralement les termes.

Les termes de l'article 164 du Code italien présentent la même généralité, par conséquent la même imprécision, et fournissent les mêmes éléments de controverse que les dispositions de notre loi pénale.

Le Code portugais (art. 290-1°) déclare passible d'amende et de prison correctionnelle jusqu'à six mois « toute personne qui *exerçant une profession qui exige un titre* et étant à raison de sa profession dépositaire de secrets, révèle ceux qui sont venus à sa connaissance, dans l'exercice de son ministère. Il est facile d'apercevoir dans ce texte la distinction que nous avons posée plus haut (Vid. *suprà* p. 180) entre le confident ordinaire et le confident nécessaire.

La loi autrichienne punit de peines variant suivant les professions — parfois très sévères — les dépositaires des secrets professionnels qui manquent à leur devoir de discrétion, mais les notaires ne sont pas nommément désignés.

Faut-il les comprendre au nombre des gérants assermentés des affaires d'autrui qui, au détriment de leur client aident la partie adverse de leurs conseils ? En ce cas ils encourraient cinq ans de travaux forcés.

Ici, du reste, il convient de placer une observation : les États étrangers sont loin d'avoir tous une organisation notariale identique, ou même analogue à la nôtre. Dans certains pays, il est même impossible de trouver une institution correspondante. Aussi, ne devons-nous pas attacher une trop grande importance aux législations étrangères.

Ainsi les traités de droit pénal de l'Angleterre ne renferment aucune disposition spéciale, relativement à la violation du secret professionnel. Par conséquent, lorsque cette violation n'a pas le caractère d'une diffamation (*libel*), elle ne paraît pouvoir donner lieu qu'à une action en dommages-intérêts. Mais cela n'a pour nous que peu d'importance, par suite de l'inexistence dans le pays, de fonctionnaires ou officiers correspondant avec une exactitude, même relative, à nos notaires (1).

---

1. Il faut le reconnaître, nulle part ailleurs qu'en France, le notariat n'a reçu le développement que lui a donné notre législation. V. Rol. de Villargues. préf. p. 1. Meyer. — *Institutions judiciaires*. T. II, p. 621 et t. IV, p. 499.

L'Allemagne, au contraire, qui a des notaires, les vise, ainsi que leurs aides (entendez les clercs) dans l'article 300 de son Code pénal ; la peine qui peut être prononcée pour violation du secret professionnel est de 1500 marks d'amende et trois mois de prison. Mais la poursuite ne peut être intentée d'office par le ministère public : la plainte de la partie lésée est nécessaire.

SECTION II

Limites de l'obligation de garder le secret des confidences.

Existe-t-il des cas dans lesquels le notaire est affranchi de l'obligation de garder le secret professionnel? L'affirmative n'est guère douteuse.

Et l'on a souvent posé en règle générale que le notaire ne doit pas garder le secret si une des parties veut commettre un dol à l'égard de l'autre. Nous acceptons volontiers cette formule, mais il est souvent plus difficile que l'on ne pense d'en faire l'application aux espèces :

Dans l'hypothèse où le silence du notaire équivaut à une complicité de dol, non seulement on ne reproche pas à l'officier public de n'avoir pas gardé le secret, mais il peut être puni d'une discrétion exagérée au point de devenir frauduleuse.

C'est ainsi que des notaires ont été frappés de peines disciplinaires ou de condamnations à des dommages-intérêts dans les circonstances relevées ci-après :

1° *Réception de l'acte de vente d'un bien que le notaire savait avoir été précédemment aliéné :* Un arrêt de Nîmes du 28 juillet 1851 a prononcé la suspension d'un notaire pour avoir passé l'acte de vente d'un fonds, qui avait, à sa connaissance, fait l'objet d'une aliénation antérieure (1). D'ailleurs aujourd'hui, après la loi du 23 mars 1855, la première vente ne serait plus un secret, puisqu'elle serait transcrite, et le notaire serait encore bien plus inexcusable puisque, n'ayant pas de secret à garder, il aurait prêté son ministère à un acte frauduleux.

La situation d'ailleurs peut se présenter sous un autre aspect. Une vente verbale a pu intervenir qui est connue du notaire. Cette vente ignorée du public n'en est pas moins un fait accompli conformément à l'article 1138 du Code civil, et le notaire, confident du premier acquéreur, reçoit une vente faite à un second acquéreur laissant ignorer au premier, jusqu'à la transcription qui le dépouille, l'opération consommée dans son étude. L'espèce s'est présentée devant la Cour de Rennes et un arrêt intervint à la date du 21 mars 1870 qui rendit le notaire solidaire-

1. J. N. N° 12.491.

ment responsable des dommages-intérêts encourus par le vendeur stellionataire (1).

2° *Rédaction d'une constitution d'hypothèque sur un immeuble dont l'aliénation est connue du notaire:* La question s'est présentée devant la Cour de cassation et a été résolue dans le même sens avant et après la loi de 1855. Nous relevons, avant la loi de 1855 un arrêt du 21 mars 1855 (visant des faits passés en 1852) (2). Après cette loi, deux arrêts, l'un du 16 août 1865 (Lacroix), l'autre du 20 novembre 1876 (Me B. contre Delalande) (3). L'esprit de ces arrêts est que le notaire qui a reçu un acte constitutif d'hypothèque sur un immeuble qui avait alors cessé d'appartenir au débiteur peut être déclaré responsable de l'inefficacité de l'hypothèque, s'il a connu la vente et n'en a point averti le prêteur.

3° *Insertion dans un acte de la déclaration que les biens vendus sont francs et quittes de toutes charges alors que ces biens sont grevés d'hypothèques connues du notaire.* C'est là une espèce qui s'est présentée plusieurs fois devant les tribunaux. On pourrait objecter que le créancier hypothécaire a à se reprocher de n'avoir pas consulté l'état des hypothèques. A cela l'on répond que certaines de ces hypothèques pouvaient être dispensées d'inscription, et que, même en ce qui concerne celles qui doi-

---

1. Rennes, 21 mars 1870 (Sirey, 71.2.109). *Revue du Notariat,* n° 2.913, XII, 99.

2. Sirey 55.1.625.

3. *Journ. des Not.,* 18.095 et 18.119. Sirey, 78.1.273.

vent être inscrites, il arrivera souvent dans la pratique que le créancier se sera reposé sur le notaire
du soin d'en vérifier l'existence. C'est l'idée qui se
dégage de diverses décisions judiciaires, par exemple, d'un arrêt de Caen, du 5 août 1854 (1), d'un arrêt
d'Amiens, du 27 décembre 1887 (2), et tout particulièrement d'un arrêt de la Chambre des requêtes du
11 mai 1891 (3).

« Est responsable, aux termes de ce dernier arrêt,
le notaire qui, rédigeant une ouverture de crédit
garantie par une hypothèque, néglige de dénoncer
au prêteur l'inexactitude des déclarations faites par
l'emprunteur relativement aux charges hypothécaires, et l'omission d'une hypothèque antérieure-
rement inscrite, alors qu'il ne pouvait ignorer l'existence de cette hypothèque » ;

4° Enfin, dans ces dernières années, un arrêt a
condamné un notaire pour avoir, en recevant le contrat de mariage d'un officier dans les termes de la
déclaration d'apports approuvée par le ministre,
laissé ignorer au futur époux les charges hypothécaires constituées au profit de tiers dans l'intervalle
entre la déclaration et le contrat, en vertu d'actes
dressés par lui-même sur les immeubles destinés

---

1. *Journ. des Not.*, 15 544. Sirey. 55.2.785 (Madoy).

2. *Journ. des Not.*, 24.154. *Recueil des arrêts de la cour d'Amiens*, 1888-
p. 33.

3. *Journ. des Not.*, 24.685. Sirey, 92.1.254 (héritiers Robbe, G. comp-
toir d'escompte de Philippeville).

à être hypothéqués pour garantir le paiement de la dot (1).

Ce qui nous choque dans beaucoup d'espèces citées à l'occasion de notre matière, c'est que le notaire nous apparaît beaucoup moins comme ayant gardé un secret qu'il n'était pas obligé de garder que comme ayant dissimulé un fait qui n'avait rien de précisément confidentiel.

Ainsi, l'espèce s'est présentée (Cour de Bordeaux du 14 février 1832) d'un notaire qui, en recevant sans réserves la quittance du prix de vente payé par un acquéreur, avait gardé le secret... d'une hypothèque qu'il avait lui-même sur le bien vendu ! Nous ne mettons point en doute que si, dans un pareil cas, le notaire conserve son hypothèque — ainsi que l'a décidé la Cour — sa *discrétion* exagérée pourrait bien l'exposer à une peine disciplinaire et à une action en dommages-intérêts.

Il s'est pourtant trouvé des auteurs, qui, poussant à l'extrême le respect du secret professionnel ont enseigné que, lorsque, dans un acte de constitution d'hypothèque, l'immeuble est déclaré franc et quitte de toutes charges autres que celles exprimées, l'officier public qui connaît personnellement l'existence d'autres charges ne doit pas le déclarer (2) !

1. Cass. req., 22 janvier 1890 (S. 90.1.460). *Revue de Notariat*, N° 8.220. *Journal des Notaires*, 1890, p. 96.

2. *Sic* de Ferrière. *Le parfait Notaire*. Liv. 1, chap. 18 et 20, p. 82, 87. Pagès, p. 142 ; Rolland de Villargues *Rép.* V° *Notaire*, n° 495 ; — Stévenart 2 p. 37 et 38. En ce sens quelques arrêts : Riom 7 décembre 1848 (S. 49.2.350), Douai, 16 février 1855 (S. 55. 2. 705).

Comme nous avons pu le voir par le rapide exposé de la jurisprudence qui précède, les tribunaux se sont en général refusés à entrer dans cette voie ; et la plupart des auteurs sont d'accord avec la jurisprudence (1).

La question nous semble avoir été parfaitement mise au point, par une note du Recueil de Sirey sous l'arrêt de Cassation précité du 20 novembre 1876 (2) :

« Sans doute, dit l'arrêtiste, les notaires doivent avoir la délicatesse de ne pas abuser pour leurs intérêts personnels des secrets des familles, des embarras d'affaires, des projets de négociations qui leur sont confiés, mais même de ne pas se permettre à ce sujet la plus légère révélation qui pourrait préjudicier à leurs clients. Mais, d'autre part, les notaires doivent refuser leur ministère pour des actes frauduleux ». Déjà Domat (3) avait tracé ce devoir aux notaires. Après avoir parlé du secret que les notaires doivent garder, l'éminent juriste continue en ces termes : « Tous les autres devoirs des notaires se réduisent à une si parfaite fidélité et à une exactitude si entière à éviter dans leurs fonctions tout ce qui pourrait blesser la justice et la vérité, que non seulement ils ne commettent rien de leur part qui y soit contraire, car ce serait violer ouvertement leur

1. Sirey, 78. 2. 273.
2. Sirey, 78. 2. 273.
3. Domat, *Dr. Public.* Liv. 2, titre 5, sect. 5, nᵒ 6.

premier devoir, mais qu'ils ne se rendent complices
d'aucun dol, d'aucune surprise et qu'ils s'opposent à
de telles voies contre toutes les parties qui en use-
raient ». Rolland de Villargues après avoir rapporté
ce passage de Domat ajoute : « Les notaires ne doivent pas souffrir qu'un contractant dissimule à l'autre des faits qui, s'ils étaient connus de lui pourraient
l'empêcher de contracter (1) ».

Essayons de bien nous pénétrer de la pensée de
l'arrêtiste, car elle nous semble enfermer la véritable
solution du problème, et concilier les exigences du
secret professionnel avec la loyauté qui s'impose à
l'officier public.

Le notaire qui connaît une circonstance qui doit
empêcher une partie de contracter va-t-il lui révéler
cette circonstance ? Non. A elle il ne dira rien. Mais
à *l'autre partie*, à celle dont il a reçu la confidence,
il déclarera qu'il ne peut pas prêter son ministère à
l'acte qu'on lui demande de recevoir.

Eclairons la solution par un exemple emprunté à
l'arrêtiste même dont nous citons le système : « Voici
un débiteur obéré, il veut emprunter encore ; il offre
à son prêteur en garantie une hypothèque sur un
immeuble grevé d'hypothèques antérieures qui en
absorbent presque la valeur. Le prêteur croit l'immeuble libre de toute hypothèque ; voilà pourquoi
il prête. Les parties vont devant le notaire. Celui-ci

1. Rol. de Villargues. V• *Notaire*, sect. 16, n^t 491.

connaît la situation. Il voit le piège tendu à la bonne foi du prêteur. Le notaire doit refuser son ministère. Autrement il commet une faute qui peut engager sa responsabilité » (1).

Ne craignons pas de préciser : le notaire ne dira pas au *prêteur :* « Ne prêtez pas, parce que l'immeuble est grevé » ; il dira à l'emprunteur : « Je refuse mon ministère à l'emprunt que vous voulez obtenir. » On saisit la nuance.

Mais il pourra arriver, si l'emprunteur persiste, que le refus de ministère du notaire finisse par équivaloir à un véritable avertissement, à une véritable révélation faite au prêteur. Dans ce cas, non seulement le notaire n'aura pas manqué à son devoir professionnel, mais il y manquerait s'il agissait autrement. Et, s'il a été forcé par les circonstances d'en trop dire ou d'en laisser trop entendre, le client qui lui aura confié le secret de ses affaires ne pourra s'en prendre qu'à lui-même de l'avoir mis dans la nécessité de trahir plus ou moins complètement ce secret.

C'est dans ce sens, et avec cette réserve de forme dans la divulgation, réserve qui n'apparaît pas distinctement dans tous les auteurs, que nous nous croyons autorisés à nous dire en communion d'idées avec les écrivains qui enseignent que le devoir de garder le secret professionnel ne peut jamais obli-

---

1. Roll. de Villargues. *Loc. cit.*

ger le notaire à laisser s'accomplir sous sa responsabilité une mauvaise action (1).

Et il y a là, comme le dit très bien M. Bauby (2), plus qu'un devoir moral, il y a là un devoir légal.

Ferrières résumait les devoirs des notaires, tels qu'ils étaient compris de son temps dans cette formule : « Un notaire est *toujours tenu des dommages-intérêts* qu'il a causés à un des contractants lorsqu'il y a dol de sa part ou une faute lourde, parce que la faute lourde est comparée au dol », et les notaires de Paris affichaient alors dans leur étude un avis ainsi conçu : « Les notaires ne sont pas garants des nullités, fautes ou omissions par eux commises *sans dol ni fraude.* » D'où il suit que le dol et la fraude les rendaient responsables, et leur responsabilité découlant de leur devoir légal est attestée par de nombreux arrêts (3).

Ce qui était admis dans notre ancienne doctrine et dans notre ancienne jurisprudence n'a pas, à nos yeux, cessé d'être vrai.

L'irresponsabilité du notaire s'arrête où finit la bonne foi.

1. Rutgeerts et Amiaud. N° 990. T. III, p. 1328 ; Drouard, p. 250. Rozier, p. 192 ; Eloy. T. I, p. 134, n° 155.
Conf. Bauby. (Thèse), 1894, p. 45 à 58.
2. Bauby. *Op.* et *loc. cit.*
3. Bauby, *Op.* et *loc. cit.*

*
**

Les espèces que nous avons relevées jusqu'ici dans les arrêtistes sont d'une solution relativement facile : mais il se présente de véritables cas de conscience en face desquels le notaire est fort embarrassé, et bien souvent, n'a, pour se guider, ni jurisprudence ni doctrine.

On nous a posé cette question (et les praticiens auxquels nous avons demandé de nous éclairer de leurs conseils, ne sont pas tombés d'accord sur la solution) :

Une femme majeure ne veut pas déclarer dans son contrat de mariage une dette antérieurement contractée. La dissimulation lui est facile si la dette n'est pas hypothécaire, puisque l'enregistrement qui donne date certaine à l'obligation est une formalité occulte. Le notaire qui connaît la dette doit-il avertir le futur ?

S'il nous était permis d'exprimer une opinion personnelle, nous résoudrions la question par une distinction. Au cas où le contrat de mariage contiendrait une convention de séparation de dettes (art. 1510 C. civ.) et où il serait spécialement stipulé que l'actif et le passif des époux seraient constatés par un inventaire annexé au contrat, le notaire devrait se refuser à recevoir un acte dont la sincérité serait détruite par cette dissimulation ; mais dans tout autre cas il devrait garder le silence ; et tout son devoir se bornerait, s'il était interrogé par le futur époux sur la fortune et la solvabilité de la future épouse, à répondre qu'il n'est pas en mesure de fournir d'une manière précise le renseignement demandé.

Il faut se souvenir de l'adage assez peu moral de nos pères : « En mariage trompe qui peut ». L'essentiel pour le notaire est de ne pas se mêler à la supercherie. Mais s'il ne doit jamais dire ce qui n'est pas, il n'est pas obligé de dire ce qui est, et ce qu'il ne sait que confidentiellement.

Ce que nous disons en matière de mariage, nous le répéterions dans tous les cas où le notaire peut être interrogé sur la solvabilité d'un de ses clients : projet d'association, de commandite, de prêt d'argent.

Ces réticences, — qui parfois, nous en convenons, équivalent à un renseignement — sont la suprême ressource du notaire qui ne veut ni faire un tort positif à son client, ni induire en erreur la personne qui le consulte.

« Je ne sais pas » est une réponse commode et qui met toujours à l'abri l'officier public qui l'a faite. Elle a, entr'autres mérites, celui de pouvoir s'adapter à toutes les circonstances.

Faut-il distinguer si la question est posée par un autre client ? par un ancien client (un infidèle) ? par une personne étrangère à l'étude ? par un confrère ? Non. La règle est une.

Une question étant posée, le notaire, *sans dire qui*

l'a formulée, devra, à notre sens, demander à son client s'il l'autorise à répondre. Et, si le client refuse son autorisation, le notaire opposera une fin de non recevoir qui laissera à son interlocuteur la liberté de se demander si c'est l'ignorance ou la discrétion qui lui ferment la bouche.

Il ne faut d'ailleurs rien exagérer. Un notaire est interrogé par un de ses clients sur une personne qui ne fait point partie de sa clientèle. Plus versé dans les affaires, mieux au courant de ce qui se passe dans sa région que ne le serait un simple particulier, disposant peut-être de moyens d'investigations qui n'appartiennent pas à tout le monde, rien ne s'oppose à ce qu'il donne des renseignements qui ne lui sont point parvenus par la voie de la confidence des intéressés.

Rien ne s'oppose même à ce qu'il prenne des renseignements, — à ce qu'il en demande à ses confrères — sauf à ces derniers à décliner courtoisement la possibilité de les fournir. « Il n'y a pas, disait Talleyrand, de questions indiscrètes ; il n'y a que des réponses indiscrètes ».

Le notaire se posera cette question : Le renseignement qui m'est demandé m'a-t-il été révélé par mes rapports de clientèle ? et, si la réponse est affirmative, il gardera le silence.

Si donc un client d'un notaire vient lui demander des renseignements sur la fortune d'un autre client de l'Etude qui a perdu tout ou partie de son patri-

moine, — qu'il s'agisse d'un crédit à ouvrir, d'une
association, d'un mariage ou de toute autre opération, il ne devra pas révéler le secret d'une déconfi-
ture dont sa profession l'aura fait le confident.

Une famille, en vue d'une union projetée demande
à un notaire des renseignements sur un jeune homme
dont il connaît les dettes de jeu, ou qui lui a confié
une liaison malheureuse. Le notaire devra se taire.

Tout ce que pourra faire l'officier public, ce sera
d'essayer d'exercer son influence sur son client pour
empêcher celui-ci de commettre une action incor-
recte, si toutefois la dissimulation du client devait
aller jusqu'à la déloyauté.

Quelles seront les conséquences de ces situations
épineuses ? C'est que le notaire, qui aura manqué à
l'obligation du secret professionnel dans le seul but
d'empêcher une fraude, n'encourra ni la peine de
l'article 378, ni une poursuite disciplinaire, ni une
condamnation à des dommages-intérêts.

Le notaire, au contraire, qui aura laissé échapper à
la légère le secret qu'il devait garder, demeurera sous
la triple menace des peines disciplinaires, des condamnations correctionnelles et des dommages-intérêts.

Mais il va sans dire qu'on ne pourra refuser en cette
matière aux Tribunaux et aux Chambres de discipline un large pouvoir d'appréciation. Juges ou confrères seront bien embarrassés pour frapper un
officier public lorsqu'ils se demanderont ce qu'ils

auraient fait à sa place... et hésiteront pour répondre à la question.

Parmi les cas de conscience les plus délicats sur lesquels notre attention a été appelée, nous signalerons celui d'un notaire qui a été mandé auprès d'un prisonnier, on qu'un voleur est venu trouver dans son cabinet et auquel, avant qu'il ait pu repousser la confidence, ce singulier client révèle le secret d'une cachette en le priant de l'aller fouiller ou d'en révéler le secret à ses héritiers.

Il est un point sur lequel on peut répondre sans hésitation. Le notaire refusera cette mission plus que suspecte.

Mais, s'il révélait la confidence qui lui a été faite, tomberait-il sous l'application de l'article 378 du Code pénal ?

Peut-on, en vérité, considérer ici le notaire comme étant un confident nécessaire ? Il nous semble pour notre part que le notaire pourrait déclarer au délinquant, qui essaie de faire de lui une sorte de complice, que, s'il n'est pas autorisé à faire le nécessaire pour que le produit du vol soit restitué à la personne qui en a été victime, il ne se croira pas lié par le secret professionnel, et qu'il se réserve, en ce cas, de faire ce que pourrait faire le premier venu, c'est-à-dire de signaler à la Justice, sans inculper d'ailleurs personne, sans prononcer aucun nom, la cachette dont l'existence et la situation lui ont été confiées, et d'assurer par ce moyen la restitution des objets volés à leur propriétaire.

*
* *

Une matière voisine de notre question, si voisine même que nous ne croyons pas pouvoir nous dispenser d'en parler, bien qu'elle soit sur les marges de la matière du secret professionnel plutôt que dans la matière, c'est la question de *l'abus des confidences*.

Cet abus consiste de la part du notaire, non pas à révéler ces confidences à un tiers, mais à en tirer parti pour lui-même.

« Il y a, dit M. Lefèbvre (1), une catégorie d'infractions qui, sans constituer une violation du secret professionnel dans le sens de l'article 378 du Code pénal, présente cependant une certaine analogie avec celle dont il vient d'être parlé (les violations proprement dites du secret professionnel). C'est l'abus fait par un notaire, *pour réaliser un profit personnel*, des renseignements de toute nature que lui a fournis son client ».

On peut supposer, par exemple, qu'un client du notaire l'a entretenu d'une acquisition ou de toute autre opération qu'il se propose de faire, et le notaire devance son client afin de s'approprier les bénéfices que celui-ci comptait réaliser : il fait l'opération pour son propre compte.

1. Lefebvre. *Discipline notariale*, t. 1, n° 452.

Un notaire chargé par un de ses clients de prendre des renseignements sur une jeune fille trouve si favorables ceux qu'il obtient qu'il épouse la jeune fille !

Quelle sera la conséquence, la sanction de ces manquements graves au devoir professionnel ? Il ne peut être question ici de l'application de l'article 378 du Code pénal. Une peine ne saurait sortir de sa sphère d'application. Une condamnation à des dommages-intérêts n'est pas impossible, étant donnée la généralité des termes de notre article 1382. Dans le système même qui exige impérieusement la *faute* comme base de la responsabilité quasi délictuelle (et ce système est le nôtre) cette responsabilité est certaine, car il y a faute professionnelle grave.

Quant à une responsabilité disciplinaire, elle ne fait doute pour personne ; la peine serait certaine et devrait être sévère. « On doit, dit M. Lefebvre, poser en règle générale que c'est commettre une infraction disciplinaire extrêmement grave que d'abuser de la connaissance des affaires des clients et de sa situation personnelle en entreprenant, au préjudice de ceux-ci, une opération quelconque » (1).

Une des formes sous lesquelles se manifeste le plus souvent l'abus des confidences est l'opération qui consiste à acheter par l'intermédiaire *d'hommes de paille* les biens de clients obérés. C'est cette catégo-

---

1. Lefebvre, *op.* et *loc. cit.*

rie d'indélicatesses, qu'Emile Augier a mise en scène dans sa comédie de *M* *Guérin*. C'est elle que vise un arrêt de la Cour de Paris du 25 avril 1870 qui a prononcé la destitution d'un notaire dans les conditions relatées dans les considérants suivants :

« Considérant qu'à l'audience des criées du Tribu-
« nal de la Seine du 24 décembre 1863, X... s'est
« rendu adjudicataire sous le nom d'A. (son cais-
« sier) et moyennant le prix de 45.000 francs d'un
« terrain exproprié sur le sieur S...

« Que dans cette opération, il a eu non seulement le tort de dissimuler sa personne sous celle d'un prête-nom, mais qu'il a encore gravement manqué à l'honneur et à la délicatesse, en cherchant à faire une spéculation personnelle au détriment de la femme M...

« Qu'en effet, la femme M... avait antérieurement vendu le même terrain à S... au prix de 120.000 francs..... ».

La destitution, dans les espèces de cette nature, est le dernier mot de la répression ; il n'y a pas, en effet, dans la loi pénale de disposition concernant de telles infractions qui, malgré leur étroite parenté avec le délit de l'article 378, ne sauraient être confondues avec lui.

CHAPITRE II

Les dépositions.

Section I.

L'ancien droit.

La question du secret professionnel des notaires
est probablement aussi vieille que le notariat. Elle
a préoccupé les tribunaux, les jurisconsultes et les
praticiens dans notre ancien droit, comme elle préoccupe aujourd'hui la doctrine et la jurisprudence con-
temporaines.

Il ne semble pas que les anciens jurisconsultes et
surtout que les anciennes juridictions aient fait accep-
tion au même degré que les auteurs et les tribunaux de notre époque d'une distinction possible
entre les témoignages provoqués par les représentants des intérêts sociaux au cours des procès criminels, et ceux qui sont sollicités par les particuliers
qu'un litige amène devant les juridictions civiles.

Langlois ne distingue pas lorsqu'il affirme dans
son *Traité des droits des notaires de Paris* : « que

les notaires ne doivent point déposer des faits concernant les actes par eux reçus ou venus à leur connaissance à l'occasion de ces actes (1) » et lorsque, pour autoriser cette affirmation, il cite des arrêts du Parlement et des sentences du Châtelet qui ont consacré le principe.

Il n'est cependant point inutile de remarquer que les décisions judiciaires citées par Langlois (sentence du Châtelet du 21 octobre 1609, affaire Brice contre les notaires Moufle et Le Vasseur, — arrêt du Parlement du 7 septembre 1616, affaire Comtesse douairière d'Apcher contre le notaire Libault, — sentence du Châtelet du 5 janvier 1647 et arrêt confirmatif du Parlement du 20 août 1650, affaire divers contre le notaire Lévêque) sont toutes intervenues en matière civile.

Mais les sentences du Châtelet et les arrêts du Parlement s'expriment en termes généraux qui ne paraissent comporter aucune distinction :

« A quoi, par ledit Cochon (procureur du demandeur), a été dit qu'ils (les notaires Moufle et Le Vasseur) ne sont appelés pour déposer du fait de leurs charges de notaires... seulement pour déposer comme seraient tenus tous autres de ce qu'ils savent en leurs consciences du fait dont est question... ce qu'ils ne doivent refuser pour aider à la vérité ».

Le procureur des notaires, Me Hardy, répond que

1. Langlois: *Traité des droits des Notaires de Paris.* Chapitre 47. Denizart V. *Notaire* n° 127.

la demande « ne tend à autre fin que de faire révéler par lesdits notaires le secret des parties contractantes, ce qui leur est défendu par les ordonnances ».

Et le Tribunal donne gain de cause aux deux notaires (sentence du 21 octobre 1609).

Dans l'affaire du notaire Lévèque, — sentence du Châtelet du 8 janvier 1647, confirmée par arrêt du Parlement du 20 août 1650, — les juges admettent le principe « qu'il est inouï et contre les règles, de vouloir faire subir un interrogatoire à un notaire, personne publique à qui l'ordonnance (ordonnance de Villers-Cotterets) défend de révéler le secret des parties ».

La distinction s'introduisit peut-être après l'ordonnance de 1670 sur la procédure criminelle. Dans tous les cas, lorsque Denizart (1) signalera le changement de jurisprudence des Parlements, il ne parlera point de cette distinction et donnera pêle-mêle des arrêts qui statuent en matière civile et des arrêts rendus par des juridictions de répression.

*
* *

La dernière jurisprudence du Parlement de Paris semble avoir été défavorable au secret professionnel des notaires. C'est Denizart qui l'affirme. « Entre autres arrêts, dit-il, il y en a un du 19 janvier 1743 qui a été rendu sur délibération conformément aux

---

1. Denizart. V^e et *loc. cit.*

conclusions de M. l'avocat général Joly de Fleury, la Grand'Chambre assemblée, par lequel la Cour a ordonné que M⁰ Duport serait tenu de déposer sur le fait des plaintes du sieur Paradis, dont l'objet capital était la question de savoir si M. le duc de Lévy, en vendant des bois au sieur Paradis et ses cautions, avait aussi vendu la terre du Portail, et si, à cet effet, il avait été passé une contre-lettre devant M⁰ Duport.

« Le 6 février 1743, dit encore Denizart, est intervenu un autre arrêt de la Grand'Chambre, également sur les conclusions de M. l'avocat général Joly de Fleury, par lequel un notaire a été aussi assujetti à déposer.

« Dans cette espèce, un particulier qui avait confié sa procuration à quelqu'un pour vendre des biens prétendait que son mandataire les avait vendus à un prix supérieur à celui porté dans le contrat et qu'il s'était approprié le surplus : ce qui était un vol... » (Nous dirions aujourd'hui un *abus de confiance*). « Le notaire qui avait passé le contrat fut assigné pour déposer et il le refusa. Mais la Cour ordonna par l'arrêt qu'il y serait contraint ».

Le Châtelet avait suivi le Parlement de Paris, dans cette voie, car à la date du 27 juin 1755 — et c'est toujours à Denizart que nous empruntons ces renseignements — une sentence rendue sur délibéré en la Chambre criminelle avait décidé que M⁰ Dulion, notaire, et son clerc seraient tenus de déposer dans l'affaire du prince de Ligne contre le sieur Jean-Baptiste Picard.

Il s'agissait de savoir si, alors qu'une demoiselle de Saint-Léger avait vendu sa maison au sieur Picard par contrat passé devant Me Dulion, il avait en même temps été passé une contre-lettre par le sieur Picard au profit du prince de Ligne.

La sentence du Châtelet ordonna que Me Dulion et son clerc seraient contraints à déposer par emprisonnement de leurs personnes.

Denizart cite, sans donner de détails, une sentence identique rendue dans une autre affaire contre le sieur de Savigny, notaire (1).

*
* *

Cette dernière jurisprudence du Parlement de Paris appelle deux observations : la première c'est que le Parlement ne fait point une distinction qui a été depuis formulée un certain nombre de fois, soit par les arrêts, soit par les auteurs entre les causes civiles et les causes criminelles. C'est d'une manière générale que le Parlement de Paris décide que l'obligation de garder le secret professionnel est dominée par le devoir supérieur d'aider les tribunaux dans la recherche de la vérité, soit qu'il s'agisse de débats civils, soit que le témoignage de l'officier public soit réclamé par une juridiction répressive.

1. Denizart, *loc. cit.*

La seconde, c'est que la nouvelle jurisprudence du Parlement de Paris était applicable non pas seulement aux notaires, mais aux avocats. Nous avons sur ce point le témoignage formel de Raviot (1) qui était avocat au Parlement de Dijon. Il se récrie contre la jurisprudence du Parlement de Paris et proteste qu'il renoncerait à une profession qui l'exposerait à manquer à la fidélité du secret. « Si la jurisprudence de Paris subsiste, écrit l'avocat bourguignon, il faut la renvoyer dans le lieu de sa naissance ».

« Nous n'avons pas la même raison en Bourgogne où le public recevrait moins d'avantages que de mal d'un semblable usage ».

Cette seconde observation — je veux parler de celle qui a trait à l'application aux avocats de la jurisprudence restrictive du secret professionnel, — a une importance capitale. Elle infirme en effet l'argument que l'on essaierait aujourd'hui de tirer des errements de notre ancien droit en faveur du système qui refuse aux notaires la faculté de se retrancher derrière le secret professionnel, lorsqu'ils sont interrogés devant les juridictions répressives sur des dires, des confidences de leurs clients, ou sur des faits dont ils ont acquis la connaissance dans l'exercice de leur profession.

Personne aujourd'hui ne met en doute le droit, le devoir même de l'avocat de se retrancher derrière le

---

1. Raviot. Question 92. N° 1. Page 250.

secret professionnel. Eh bien ! ce droit ou ce devoir n'étaient pas admis par la dernière jurisprudence de nos anciens Parlements, ou tout au moins du Parlement de Paris. Pourquoi tiendrions-nous compte, en ce qui concerne les notaires, d'un précédent dont nous faisons litière alors qu'il s'agit des avocats ?

Aussi n'adhérons-nous pas complètement à l'explication que donne M. Demarle de la jurisprudence pénale du Parlement de Paris : « Il y aurait exagération à regarder ces décisions rendues au détriment des notaires, comme une contremarche de la jurisprudence : elles sont, de la part des tribunaux, non pas l'expression d'un mépris à l'égard du secret professionnel, mais le témoignage d'une ignorance. Les Tribunaux ne soupçonnent pas alors qu'il peut être question du secret professionnel pour des notaires considérés alors comme de simples rédacteurs d'actes » (1).

Cette affirmation ne peut être prise au pied de la lettre, puisqu'il résulte du témoignage précité de Raviot que la religion et le respect du secret professionnel avaient fléchi au Parlement de Paris, non seulement en ce qui concerne les notaires, mais même en ce qui concerne les avocats.

Et Denizart qui explique la jurisprudence du Parlement par la condition du notaire qui n'est à ses yeux qu'un simple rédacteur d'actes, se donne à

---

1. Demarle. *Le secret professionnel* (Thèse).

lui-même **un démenti**, en constatant que des avocats ont été forcés de déposer comme témoins.

« Il doit donc, écrit Denizart, demeurer pour constant que les notaires doivent déposer comme témoins dans les informations relativement aux actes qu'ils passent. Il serait en effet bien extraordinaire que des notaires, *simples rédacteurs de la volonté des parties*, fussent dispensés de rendre hommage à la vérité, *tandis qu'on a quelquefois, dans ces circonstances particulières*, contraint des avocats de déposer comme témoins » (1).

L'aveu est précieux à retenir : la Jurisprudence, dons certains cas, avait contraint des avocats à déposer comme témoins. Cette liberté prise à l'égard du secret professionnel ne serait plus admise aujourd'hui.

Les temps sont changés, et pour affirmer que la jurisprudence des Parlements ne peut plus à l'heure actuelle exercer en cette matière une influence quelconque sur les décisions de nos tribunaux, nous emprunterons à un ancien magistrat, M. A. Pellerin, cette observation générale qu'il formule avec autant de netteté que de vigueur : « Il ne saurait y avoir aucune comparaison à établir entre notre législation criminelle actuelle et celle antérieure à 1789.

« A une époque où la Justice émanait d'un pouvoir absolu, où la torture existait encore, où les magistrats criminels en leur âme et conscience croyaient

---

1. Denizart, *Loc. cit.*

avoir le droit d'user et d'abuser de la question ordinaire et extraordinaire, où ils procédaient par voie
de monitoires ecclésiastiques, il n'est pas étonnant
que les notaires de tout ordre fussent tenus d'obéir
à la Justice criminelle » (1).

*
* *

Mais si la jurisprudence antérieure à la Révolution
a subi des variations, nos anciens auteurs paraissent être demeurés en général assez fidèles à la cause
du secret professionnel.

Nous avons vu tout à l'heure que Denizart fait bon
marché de ce secret et qu'il se rattache à la théorie
du notaire « simple rédacteur d'actes » ; mais Denizart est un praticien et un arrêtiste plus qu'un jurisconsulte, et il s'incline assez habituellement devant
les jurisprudences qu'il enregistre.

Serpillon, que nous avons vu parfois cité parmi les
partisans du système contraire, après avoir affirmé
que toutes les règles concernant les avocats ont lieu
à l'égard des procureurs et des notaires, ajoute en propres termes cette restriction : « Mais ce serait un abus
de prétendre que les notaires ne seraient pas obligés
de déposer contre leurs clients pour des faits qu'ils
ne savent d'ailleurs que par la nécessité de leur profession » (2).

1. Pellerin. *Rev. du not.*
2. Serpillon. *C. Crim.* Tome I, p. 448.

En revanche Ferrière dit nettement : « Les notaires sont dépositaires de la fortune des particuliers et des secrets des familles..... Comme ils sont dépositaires des secrets des familles, ils sont dispensés de porter témoignage dans les choses qui concernent le fait de leurs charges et de révéler les secrets des parties » (1).

Domat écrivait dans ses *Lois civiles :* La conséquence du secret de plusieurs actes qui se passent pardevant notaires leur fait un devoir de garder inviolablement la loi du secret, non seulement de ce qui se passe entre les parties, avant que les actes soient signés, mais aussi des actes, même quand ils sont parfaits » (2).

Jousse (3) est très laconique en ce qui concerne les notaires. Après avoir posé le principe que certaines personnes ne sont pas tenues de l'obligation de déposer en justice et par conséquent n'y peuvent être contraintes, il énumère, parmi les privilégiés, les confesseurs, les avocats, les procureurs, les notaires.

Les décisions qu'il cite (aucune d'ailleurs ne concerne les notaires) prouvent qu'il était avec la rigueur du secret professionnel des accomodements. Du reste, en certaines matières, le secret professionnel n'était

---

1. Ferrière. *Diction.* Vº *Notaire*, p. 364.
2. Domat. *Lois civiles*, 2º partie, page 129. — Conf. le même *Dr. public.* Livre II. Titre V, section V, nº 5.
3. Jousse. *Traité sur l'administration de la justice.*

plus admis au profit de personne. Jousse nous apprend que, dans le procès du connétable de Bourbon, le confesseur du connétable fut contraint de témoigner. — C'est qu'en effet, il s'agissait là du crime de lèse-majesté humaine, et en cette matière, aucun témoin, fut-il prêtre, avocat, procureur ou notaire, ne pouvait se dispenser de déposer. — Nous en faisons l'observation, dans le but de démontrer combien est exacte l'affirmation donnée plus haut de M. A. Pellerin, que les précédents de notre ancienne doctrine et de notre ancienne jurisprudence n'ont pas aujourd'hui une importance très grande, la législation criminelle antérieure à la Révolution étant séparée de la nôtre par un véritable abîme.

Rousseaud de La Combe est, comme Jousse, favorable au secret professionnel. Mais, parmi les auteurs anciens, le plus net sur la matière est certainement Muyart de Vouglans. Cataloguant les causes qui empêchent un témoin de déposer, il y comprend la *discrétion* dont il donne ce commentaire : « La loi veut parler ici de ceux qui par état, sont tenus de garder le secret qui leur est confié, tels que les avocats, procureurs, *notaires...* Elle ne veut pas qu'on puisse les contraindre à déposer *dans les procès criminels* contre ceux dont ils ont fait les affaires ou dont ils sont les conseils ».

Nous croyons devoir borner là nos citations : nous en avons assez dit pour démontrer que la doctrine du XVIIIe siècle n'était ni bien creusée, ni bien énergique, mais que néanmoins un courant en faveur du secret professionnel y était nettement dessiné.

SECTION II

Le droit contemporain.

Le problème doit être étudié distributivement dans notre droit contemporain ; car, il semble bien, au moins jusqu'à ces derniers temps, que la jurisprudence n'ait pas été dominée par les mêmes idées suivant qu'il s'agissait, soit d'enquêtes civiles, soit de dépositions devant les juridictions répressives. La doctrine, quoi qu'elle se soit moins inspirée de cette distinction et qu'elle l'ait désertée plus vite, ne s'en n'est pas elle-même complètement détachée.

Nous diviserons donc notre étude en deux paragraphes, dont le premier sera consacré à l'examen de la question telle qu'elle se pose dans les procès criminels, et le second à l'étendue de l'obligation du secret professionnel dans les procès civils.

§ I

Le secret professionnel devant les juridictions répressives.

Le notaire appelé en témoignage devant une juridiction criminelle peut-il, en se retranchant derrière l'obligation du secret professionnel, se dispenser d'éclairer la justice sur les faits qui sont parvenus à sa connaissance dans l'exercice ou à l'occasion de l'exercice de sa profession ? C'est là une des questions les plus délicates et les plus controversées de la matière.

La doctrine s'est divisée ; la jurisprudence a varié plus d'une fois, et les notaires se préoccupent à bon droit de la limitation d'un devoir professionnel dont l'étendue a été si mal définie jusqu'à présent.

Avant d'entrer dans l'examen de ce problème si difficile à résoudre, il importe de bien préciser les conditions dans lesquelles il se pose. Lorsque nous parlons de juridiction criminelle, nous entendons donner à cette expression le sens le plus large : les juridictions criminelles, dans notre pensée, englobent les cours d'assises, les tribunanx correctionnels et les juridictions d'instruction ; nous dirions même les juridictions de simple police, s'il n'était invraisemblable qu'un notaire put être distrait de ses affaires pour venir éclairer un juge de paix sur l'existence d'une contravention dont il aurait eu connaissance à l'occasion de l'exercice de ses fonctions !

Nous avons donné précédemment les solutions de l'ancienne doctrine et de l'ancienne jurisprudence : La question devait naturellement se représenter dans le droit contemporain, puisqu'elle n'était tranchée explicitement ni par la loi de ventôse, ni par le Code d'instruction criminelle.

La loi de ventôse, dans ses articles 21, 22 et 23 s'était préoccupée du secret des minutes, mais elle n'avait pas une seule disposition concernant le secret des confidences. L'article 378 punissait bien les personnes dépositaires par état ou profession de secrets qui leur sont confiés, lorsqu'elles avaient révélé ce secret. Mais, en dehors des médecins, chirurgiens, sages-femmes, qu'il visait explicitement, quels étaient les dépositaires de secrets qu'il entendait englober dans sa formule générale ? De plus, cet article semblait ne se référer qu'aux indiscrétions spontanées, aux divulgations volontaires. N'était-il pas nécessaire de faire des réserves au sujet des indiscrétions provoqués par la justice, soit dans les procès civils, soit surtout dans les procès criminels ? Il y avait là une distinction très importante et très connue de notre ancienne jurisprudence à consacrer ou à rejeter.

N'eût-il pas été nécessaire de dire si notre législation nouvelle entendait, ou non, faire entièrement sienne la disposition inscrite dans l'article 3 du titre 6 de l'ordonnance de 1670 : « *Toutes personnes* assignées, pour être ouïes en témoignage, récolées et confrontées seront tenues de comparaître pour satisfaire aux assignations et pourront les laïcs y être contraints par amende » ?

Le Code d'instruction criminelle n'avait-il pas rappelé et aggravé cette disposition en prescrivant dans son article 29 à tout officier public (or, les notaires sont au premier chef des officiers publics) de donner

connaissance au procureur impérial des faits délictueux qui parviendraient à sa connaissance dans
l'exercice de ses fonctions.

C'était un beau champ pour la controverse ! et la
controverse s'en est donné à cœur joie. Doctrine contre doctrine, jurisprudence contre jurisprudence...
Voilà près de cent ans que dure la bataille, et nous
nous estimerions fort heureux s'il nous était possible d'affirmer qu'elle est finie.

Nous allons essayer de suivre les péripéties de la
lutte, examinant d'abord les variations de la jurisprudence, puis l'attitude prise par les représentants les
plus autorisés de la doctrine. Nous essaierons en
dernier lieu de dégager des unes et des autres une
impression personnelle, ce qui est toujours possible,
et une prévision de l'avenir, ce qui est difficile. Le
rôle de prophète est sujet à mécomptes, en droit
comme en toute autre matière.

A. — *La jurisprudence.*

Les notaires n'eurent au commencement qu'à se
féliciter de l'attitude des Tribunaux.

La Jurisprudence s'était formée peu à peu au profit
des prêtres, des avocats, qui pas plus que les notaires n'étaient nommément désignés dans l'article 378.

La Cour de cassation avait déjà, par des arrêts
antérieurs à 1827, consacré le secret professionnel
des confesseurs, des avocats...

La question devait tôt ou tard se poser pour les notaires. Ce fut la Cour de Montpellier qui, si nous ne nous trompons, fut appelée la première, en 1827, à la trancher dans les conditions suivantes :

Dans une instance correctionnelle dirigée par un sieur V..., médecin, contre un sieur T..., négociant, M⁰ Teyssier notaire, cité comme témoin, demanda au tribunal d'être dispensé de déposer, par le motif qu'ayant été consulté sur les faits qui donnaient lieu au procès, en sa qualité de notaire et dans le secret de son étude, il ne pouvait être tenu de déposer des faits qui lui avaient été révélés par les parties.

Jamais affaire ne se présenta dans des conditions plus nettes, car la partie plaignante et le Ministère public s'opposèrent à la demande de dispense formulée par le notaire. Le prévenu lui-même déclara consentir à ce que M⁰ Teyssier déposât de tous les faits qui pourraient être venus à sa connaissance de quelque manière que ce fut.

« Je ne veux pas, disait-il, que l'on puisse penser que je dois ma justification au silence de M⁰ Teyssier et je déclare expressément le délier du secret sous lequel j'ai pu lui confier des faits, et consentir à ce qu'il donne au Tribunal entière connaissance de ces faits. »

Ainsi donc, le ministère public, le plaignant, le prévenu, tout le monde en un mot consentait à ce que M⁰ Teyssier se dégageât de l'obligation du secret. Il n'y avait d'autre obstacle à la déposition du notaire que l'idée que se faisait cet officier public lui-même de son devoir professionnel.

En d'autres termes la question de droit était seule en jeu.

Me Teyssier persista dans son refus et fut condamné par le Tribunal à 100 francs d'amende par application des articles 80 et 355 du Code d'instruction criminelle.

Me Teyssier interjeta appel ; il est facile de voir que c'était un homme tenace et qui voulait faire juger, pour l'honneur des principes, la question non encore résolue au profit des notaires.

« La loi, fit-il plaider, d'accord avec la conscience, fait un devoir à l'appelant de ne point divulguer les faits qui lui ont été confiés dans le secret, en sa qualité de notaire. Dépositaire des intérêts les plus chers, associé en quelque sorte aux intentions des parties, le notaire doit nécessairement jouir des immunités que la loi accorde à ceux qui, par la nature de leurs fonctions, deviennent les confidents *obligés* des secrets d'autrui. Son ministère comme celui de l'avocat exige de la part du client la confidence la plus intime et la plus absolue...

« Quant à la circonstance que les parties elles-mêmes ont autorisé la révélation, il est évident qu'elle ne change en rien la position de Me Teyssier, puisque cette autorisation, quelle qu'elle soit, ne saurait dégager des obligations qui sont de l'essence du ministère des notaires et, par conséquent, d'ordre public ».

Nous faisons nos réserves sur la dernière affirmation de ce notaire qui se montrait, pour nous servir d'une expression proverbiale « plus royaliste que le roi » et nous reviendrons sur les effets de l'autorisation de déposer accordée par toutes parties intéressées ; mais sans nous demander, quant à présent, si le secret des confidences est de *l'essence* ou de la *nature* de la profession notariale, nous posons, comme M⁰ Teyssier, la question de savoir si la dispense de déposer que la jurisprudence tirait de l'article 378 du Code pénal était applicable aux notaires.

La Cour de Montpellier y répondit très nettement et sans réserves ni réticences dans son arrêt du 24 septembre 1827 (1).

« La Cour : — Attendu qu'il résulte de la nature « même de l'affaire... que c'est en qualité de notaire « que M⁰ Teyssier avait eu connaissance de certains « faits y relatifs, que c'est en ce sens que doit « être entendu ce qu'il a dit à l'audience du tribu- « nal de première intance où il a d'ailleurs formelle- « ment déclaré que c'était dans le secret de son étude « que les faits lui avaient été révélés, que dès lors il « n'était pas tenu de déposer en justice, et que le « jugement dont est appel doit être réformé.

« Réformant ledit jugement, relaxe M⁰ Teyssier

1. *Journ. des Not..* 6298. Sirey, 1828. 2. 127.

« de toutes les condamnations prononcées contre
« lui... ».

Cette jurisprudence n'est pas isolée. Rolland de
Villargues cite un arrêt de Grenoble du 23 août 1828
et un jugement du tribunal de première intance de
Melun, desquels il résulte que l'obligation de garder
le secret continue de subsister, même dans le cas où
celui que les faits concernent et qui les a confiés en
consent, ou même en demande la révélation. Roland
de Villargues auquel nous laissons la responsabilité
de son opinion approuve les décisions de Montpellier, de Grenoble et de Melun. « En effet, dit-il, sans
la force du principe, on sent combien il deviendrait
facile d'obtenir de pareils consentements ».

Ce que l'on pourrait peut-être dire en faveur des
décisions citées, c'est que le consentement des intéressés est d'une liberté contestable. On comprend
dans quel embarras un notaire mettrait un inculpé,
et quel préjugé il créerait contre lui en cas de refus,
s'il lui disait à l'audience ou devant le juge d'instruction : « Me relevez-vous du secret professionnel ? »
Mais le consentement pourrait être donné spontanément comme dans l'affaire Teyssier et l'on serait
fondé à se demander dans cette hypothèse, si la cour
n'a pas été bien loin (1)

1. Conf. p. 283, *infrà* (à la note).

*
* *

Les arrêts de Montpellier et de Grenoble, ainsi que le jugement de Melun, faisaient aux notaires une situation facile, que nous croyons leur être due. Mais un arrêt célèbre de la Cour de cassation allait bientôt troubler leur quiétude. Voici dans quelles circonstances :

Me Cressent, notaire à Versailles, avait à diverses reprises été appelé devant le juge d'instruction de cette ville, à l'effet de déposer sur une soustraction frauduleuse imputée à une dame Noblet, sa cliente. Pour préciser : il s'agissait d'un placement fait en l'étude du notaire par l'inculpée, et il était soutenu que ladite dame Noblet avait révélé à Me Cressent l'origine délictuelle de la possession des fonds qu'elle se proposait de placer. Me Cressent déclara qu'il ne pouvait prêter serment, ni donner de renseignements sur les faits, attendu que ce qu'il en pourrait savoir, ne serait venu à sa connaissance qu'en sa qualité de notaire, et que la loi (art. 378 du Code pénal) lui en interdisait la révélation.

Le 4 mai 1830, le juge d'instruction rendit une ordonnance ainsi conçue : « Attendu que Me Cressent a connaissance des faits imputés à la femme Noblet, puisque, *dans le cas contraire*, il n'aurait compromis *ni son honneur ni les intérêts de sa cliente* en déposant qu'il était faux que la femme

Noblet eût apporté de l'argent chez lui ; qu'il s'est borné à refuser de déposer pour le motif que les faits n'étaient parvenus à sa connaissance qu'à cause de sa qualité de notaire ; mais que l'article 378 n'était pas applicable à l'espèce ; qu'en effet si la femme Noblet a porté de l'argent chez lui, il est impossible que ce notaire n'ait pas su que cet argent provenait de vol, et que dès lors, *comme fonctionnaire public*, il était tenu d'en donner connaissance à la justice aux termes de l'article 29 du Code d'instruction criminelle — condamne le notaire à 100 francs d'amende pour refus de déposition ».

Cette ordonnance mérite à plus d'un titre qu'on s'y arrête et qu'on en médite les termes. On ne peut s'empêcher d'être frappé du caractère essentiellement captieux de l'argumentation du magistrat, et de la situation singulière qu'un pareil raisonnement fait aux officiers publics appelés en témoignage devant une juridiction de répression.

« Attendu, dit le juge d'instruction, que, si la femme Noblet a porté de l'argent chez Cressent, il est impossible que ce notaire n'ait pas su que cet argent provenait de vol.... »

Il semblerait que le juge d'instruction de Versailles ait pris à tâche dans son ordonnance de montrer combien est dangereuse la distinction qui a été proposée quelquefois entre les faits matériels et les confidences des clients. On pourrait soutenir que le notaire, s'il devait couvrir du secret professionnel les déclarations à lui faites par la dame Noblet, aurait dans tous les cas pu sans scrupules reconnaître qu'une somme déterminée avait été déposée par cette dame dans cette étude.

L'interprétation donnée par le magistrat au silence du notaire prouve combien cette transaction avec l'obligation du secret professionnel eût été imprudente. « Si la dame Noblet a déposé de l'argent chez le notaire, elle n'a pu manquer de lui faire connaîtée que cet argent provenait de vol ». Aussi n'est-ce pas seulement la révélation du fait matériel que demande, qu'exige le juge d'instruction. C'est la trahison de la confidence..... ou plutôt non ! le notaire n'a pas besoin de parler. Si les fonds ont été versés, le notaire qui le reconnaîtrait n'aurait pas besoin de divulguer leur provenance, la preuve serait faite que les fonds seraient le produit d'un vol. Bien mieux, le silence du notaire est l'aveu du fait matériel avec toutes ses conséquences. S'il avait quelque chose à dire de favorable à sa cliente, le notaire parlerait sans crainte de compromettre ni son honneur, ni les intérêts dont il est le dépositaire. Il ne parle pas ? Son silence est une accusation !

Voilà un raisonnement qui n'est pas fait pour rendre facile le rôle de l'officier public, et qui justifie le mutisme absolu dans lequel se renfermait Mᵉ Cressent.

Et c'est en vain que l'arrêt de Cassation interve-

nu, — arrêt dont nous allons donner tout à l'heure
le texte, déclara « qu'il résulte de l'ordonnance atta-
« quée que le notaire n'était pas sommé de déposer
« sur des pourparlers, sur des confidences qui lui
« auraient été faites comme notaire, mais sur des
« faits matériels, sur l'apport d'une certaine somme
« d'argent en son étude, à une certaine époque, par
« un certain individu ». Les termes même de l'ordonnance protestent contre l'affirmation de la Cour.
Pourquoi y lisons-nous, en effet, « que si la femme
« Noblet avait porté de l'argent chez le notaire, il est
« impossible que celui-ci n'ait pas su que cet argent
« provenait de vol » ? Me Cressent comprenait bien
à quelles questions le juge voulait en venir, et il
refusait — croyant que c'était son droit et son
devoir — de s'engager sur une pente qui lui appa-
raissait très glissante.

Un autre point à retenir de l'ordonnance entre-
prise, c'est celui qui vise l'article 29 du Code d'instruction criminelle, et proclame l'applicabilité de cet
article aux notaires, compris, d'après le magistrat, au
nombre des officiers publics auxquels la loi impose
l'obligation de dénoncer les crimes ou les délits dont
ils ont acquis la connaissance dans l'exercice de
leurs fonctions. La Cour ne s'étant pas prononcée
sur la question nous n'avons pas à la discuter
ici.

L'ordonnance du juge d'instruction n'était pas
susceptible d'appel ; Me Cressent la déféra à la Cour

de cassation pour violation de l'article 378 du Code **pénal.**

Cet article, disait le demandeur, ne s'applique pas seulement aux médecins, chirurgiens, sages-femmes, etc., mais à toutes personnes dépositaires par profession des secrets d'autrui et c'est en vertu de la généralité de ses expressions que la Cour de cassation elle-même, par son arrêt du 30 janvier 1826, en a fait l'application aux avocats qui ne sont pas plus que les notaires dénommés dans l'article 378 du Code pénal.

Le demandeur s'appuyait en outre sur l'article 23 de la loi du 25 ventôse an XI.

Enfin, répondant à l'objection tirée de l'article 29 du Code d'instruction criminelle l'avocat de M⁰ Cressent, M⁰ Isambert, faisait valoir que cet article ne peut évidemment s'appliquer à ceux des fonctionnaires ou officiers publics qui, par état, sont obligés au secret : autrement l'article 29 du Code d'instruction criminelle serait destructif de l'article 378 du Code pénal.

« Vainement, disait le pourvoi, invoquerait-on ici « l'intérêt de la vindicte publique. Si la vérité est « due à la justice, lorsqu'elle recherche des faits « préjudiciables à l'ordre public, ce ne doit pas être « au préjudice de ceux qui ont confié entre les mains « d'un dépositaire public le secret de leur fortune « ou de leur honneur. On ne peut nier, en effet, que « par état, les notaires ne soient habituellement les

« dépositaires des secrets des familles : c'est leur plus
« belle prérogative : elle est nécessaire à la Société au
« profit de laquelle ils exercent ce qu'on appelle la
« juridiction volontaire. Les en dépouiller, ce serait
« frapper la Société elle-même, et pour des intérêts
« d'une importance moins grave qu'on ne suppose,
« si l'on fait attention à l'exception portée dans
« l'article 378 pour les crimes sujets à révélation ».

(Il n'est pas inutile ici d'ouvrir une parenthèse et
de faire remarquer que l'exception dont parle le pourvoi n'existe plus depuis la loi de revision du Code
pénal de 1832).

« On objecte que la justice peut, en vertu de l'ar-
« ticle 23 de la loi sur le notariat, ordonner la com-
« munication de leurs minutes à des personnes qui
« n'ont pas été parties dans les actes. Oui, sans doute
« elle le peut, mais parce qu'alors la justice recon-
« naît que ces prétendus tiers sont devenus par-
« ties intéressées. L'article 47 les oblige à prêter
« serment de remplir leurs devoirs avec exactitude et
« probité. L'un de ces devoirs a été de tous temps de
« garder un secret inviolable sur ce qui a précédé
« les actes et le Code civil lui-même ne permet de
« recevoir aucune preuve sur ce qui s'est passé à cet
« égard. La justice ne pourrait donc pas obliger les
« notaires à déposer à ce sujet, bien qu'elle puisse les
« obliger de communiquer les actes une fois accom-
« plis ».

Jamais la question n'a été plus nettement posée.

Jamais non plus elle n'a été plus nettement résolue. La Cour de cassation ne devait pas persister dans sa jurisprudence restrictive du secret professionnel, mais elle formula avec précision, dans l'arrêt du 23 juillet 1830 la théorie dont nous verrons plus tard s'écrouler successivement les fondements et que nous croyons destinée à une disparition complète.

Voici les termes de l'arrêt :

« La Cour : — Attendu que l'article 378 du Code
« pénal qui établit des peines correctionnelles contre
« *les médecins, chirurgiens et autres officiers de santé,*
« *les sage-femmes ou toutes autres personnes dépo-*
« *sitaires par état ou profession des secrets qu'on*
« *leur confie, et qui, hors les cas où la loi les oblige*
« *à se porter dénonciateurs, auront révélé ces secrets,*
« est placé sous la rubrique des *calomnies, injures*
« et *révélations de secrets*, qu'il a pour objet de
« punir les révélations indiscrètes inspirées par la
« méchanceté et le dessein de diffamer ou de nuire ;
« mais qu'il ne s'ensuit pas que les personnes qui
« exercent ces professions doivent être dispensées
« de faire à la justice la révélation des faits à leur
« connaissance, lorsqu'elles sont entendues comme
« témoins, et que dans l'intérêt de l'ordre public,
« leurs dépositions sont jugées nécessaires pour par-
« venir à la découverte de la vérité.

« *Que les notaires ne sont pas compris dans cette*
« *désignation générale,* « *toutes autres personnes* »,
« puisque leurs devoirs et les peines qu'ils peuvent

« encourir en cas de violation en cette partie sont
« fixés par l'article 23 de la loi du 25 ventôse an XI
« contenant organisation du notariat, loi spéciale en
« ce qui les concerne; que, d'après cet article la
« défense qui leur est faite de *délivrer expédition, ni*
« *de donner connaissance des actes* à *d'autres qu'aux*
« *parties intéressées en nom direct, héritiers ou*
« *ayants-droit*, est plutôt une défense de divulguer,
« qu'un secret absolu qui leur soit imposé, puisque,
« d'après cet article, ils sont tenus de délivrer ces
« expéditions à des tiers en exécution des ordonnan-
« ces du Président du Tribunal de première instance
« de leur arrondissement, et aussi sauf l'exécution
« des lois et règlements sur le droit d'enregistre-
« ment.

« Que, si quelques auteurs ont pensé que les
« notaires ne devaient point être interrogés ni enten-
« dus dans les enquêtes sur ce qui aurait été dit par
« les parties pour s'accorder sur les conditions des
« actes qu'ils ont reçus, opinion qui ne paraît for-
« tifiée par aucun monument de jurisprudence, il ne
« s'agit toutefois, dans l'opinion de ces auteurs, que
« d'intérêts civils entre personnes privées, et qu'il
« n'en pourrait être rien induit en matière criminelle
« et contre l'action de la vindicte publique.

« Que, si les avocats et même les avoués sont dis-
« pensés de déposer des faits qui sont à leur connais-
« sance en leur dite qualité seulement dans les pro-
« cès de leurs clients, cette dispense exceptionnelle

« est une mesure d'ordre public établie par la juris-
« prudence en faveur du droit sacré de la défense,
« qui prédomine tous les autres et qui ne peut ni ne
« doit être étendu aux notaires, dont la profession
« ne les appelle pas à exercer cette défense.

« Que, dans l'espèce particulière, le refus de
« Me Cressent, notaire, de déposer lorsqu'il en était
« requis par le juge d'instruction était d'autant plus
« dénué de fondement qu'il résulte de ses dires, de
« l'ordonnance attaquée et des réquisitions du minis-
« tère public qui la précèdent qu'il n'était pas sommé
« de déposer sur des confidences… mais sur des faits
« matériels, sur l'apport d'une certaine somme d'ar-
« gent qui aurait été apportée dans son étude…

« Rejette… etc… » (1).

Nous nous appesantissons sur l'arrêt du 23 juillet 1830, parce qu'il marque, pour ainsi dire, le point
central de la controverse. Le pourvoi de Me Cressent pose toutes les questions de la matière.

L'article 378 du Code pénal est-il incompatible
avec l'obligation de déposer devant les juridictions
criminelles que l'on prétendrait imposer aux personnes directement ou implicitement visées dans cet
article?

Les notaires sont-ils du nombre des personnes
visées par l'article 378 du Code pénal?

Sont-ils au contraire du nombre des officiers

1. Sirey. 1830-1-290.

publics tenus, aux termes de l'article 29 du Code d'instruction criminelle, de dénoncer au ministère public les crimes ou délits qui parviennent à leur connaissance dans l'exercice ou à l'occasion de leurs fonctions?

Les notaires ne peuvent-ils pas sauvegarder leur devoir de ne pas divulguer les confidences de leurs clients en s'abritant non seulement derrière l'article 378 du Code pénal, mais encore derrière l'article 23 de la loi du 25 ventôse an XI?

Ces questions posées par le pourvoi, la Cour suprême ne les a pas toutes résolues : c'est ainsi qu'elle ne se prononce pas sur le point de savoir si les notaires sont au nombre des officiers publics auxquels l'article 29 du Code d'instruction criminelle impose le devoir de dénonciation.

Deux solutions se dégagent nettement des termes de l'arrêt Cressent :

1o L'article 23 de la loi du 25 ventôse an XI ne peut être invoqué à l'effet de dispenser les notaires de l'obligation de déposer devant les tribunaux de répression sur les faits dont ils ont eu connaissance en leur qualité de notaires ;

2o L'article 378 n'est point applicable aux notaires : les mots « toutes personnes dépositaires par état ou profession des secrets qu'on leur confie » ne désigneraient dans la pensée du législateur que les avocats et les avoués, c'est-à-dire les personnes investies d'une mission de défense.

Mais on peut accuser l'arrêt de 1830 d'incohérence lorsque d'une part, il déclare en termes généraux, que les personnes visées par l'article 378 ne sont pas dispensées par cet article de déposer devant les juridictions de répression, et lorsque, d'autre part, il décide que la théorie tirée par la jurisprudence de cet article 378 au profit des avocats et des avoués ne peut être invoquée au bénéfice des notaires.

Si d'une manière générale, les personnes « dépositaires par état ou profession des secrets qu'on leur confie » ne sont pas dispensées de l'obligation de déposer en justice, il va sans dire que les notaires ne sont pas plus que les autres affranchis de l'obligation dont il s'agit.

Mais la Cour va plus loin : elle pose en principe que « les notaires ne sont pas compris dans la désignation générale de l'article 378, que toute la législation concernant le secret professionnel se renferme dans l'article 23 de la loi du 25 ventôse an XI.

Comment la Cour de cassation l'entend-elle ? Cela veut-il dire que les notaires indiscrets ne sont pas soumis aux peines portées dans l'article 378 ? Il ne semble pas que la Cour suprême ait envisagé la situation sous cet aspect. Cependant, la jurisprudence ne peut avoir deux poids et deux mesures, appliquer l'article 378 contre les notaires, et ne pas l'appliquer à leur profit !

De deux choses l'une : ou les notaires sont en dehors des prescriptions de l'article 378, et dans ce cas cet article ne peut être invoqué ni à leur préjudice, ni à leur avantage, ou, si on les considère comme atteints par les pénalités de cet article, il faut aussi les considérer comme en droit d'invoquer les immunités que la Jurisprudence en fait découler.

Pour toutes les raisons qui viennent d'être exposées, l'arrêt Cressent ne saurait être considéré comme un de ces monuments juridiques dont la solidité défie les assauts de la critique et les injures du temps.

*
* *

L'arrêt du 23 juillet 1830 n'était pas et ne pouvait être le dernier mot de la Cour de cassation.

Une particularité à signaler. Rapporteur en 1853, dans un procès dont nous allons parler tout à l'heure, le procès Lamare, M. le conseiller Faustin-Hélie affirme que, dans l'arrêt du 23 juillet 1830, la Cour a limité le secret du notaire *aux faits moraux confiés à sa foi dans le cours des pourparlers* qui précèdent la rédaction d'un acte, — ce qui serait admettre, quoiqu'avec de grandes réserves, le secret professionnel des notaires.

Or il n'en est rien ; et M. Faustin-Hélie fait à la Cour suprême l'honneur d'une théorie qui n'est pas la sienne. Que dit l'arrêt ?

« Que si quelques auteurs ont pensé que les notai-
« res ne devaient point être interrogés ni entendus
« dans les enquêtes sur ce qui aurait été dit par les

« parties pour s'accorder sur les conditions des actes
« qu'ils ont reçus, *opinion qui ne paraît fortifiée par
« aucun monument de jurisprudence*, il ne s'agit
« toutefois, *dans l'opinion de ces auteurs*, que d'in-
« térêts civils entre personnes privées, et qu'il n'en
« *pourrait être rien induit en matière criminelle et
« contre l'action de la vindicte publique* ».

La Cour de cassation n'adopte donc pas, elle
repousse l'opinion des auteurs auxquels elle fait allusion.

La Cour suprême est donc bien peu sûre de sa
jurisprudence, qu'un de ses membres, et non des
moins distingués, lorsqu'il la lui présentera, en 1853,
sera obligé de la défigurer pour l'empêcher de la
regretter ?

Posons nettement la situation : en 1830, lors de
l'arrêt Cressent, la Cour de cassation déclare que
les notaires ne sont pas au nombre des personnes
implicitement comprises dans les expressions de
l'article 378, et que les réserves qui sont faites par
certains auteurs en ce qui concerne les pourpalers
pour lesquels ces auteurs admettraient *un certain
secret professionnel*, ne sauraient, dans tous les cas,
être admises en matière criminelle.

En 1845 (arrêt du 26 juillet) (1), on vit se dessi-
ner une nouvelle doctrine de la Cour suprême ; cette
doctrine peut être résumée ainsi : « Les personnes

1. Sirey, 1845. 1. 577.

dépositaires par état ou profession des secrets qu'on leur confie ne sont pas dispensées en général de l'obligation de déposer en justice, des faits dont ils ont eu connaissance dans l'exercice de leur profession. *Mais il y a une exception à la règle, pour les faits qui leur ont été confiés sous le sceau du secret auquel ils sont astreints par leur profession.* »

Comme l'arrêt de 1845 concernait un médecin, c'est-à-dire une des personnes nommément visées par l'article 378, la question demeurait entière au regard des notaires non visés par cet article.

Elle devait se poser en 1853.

En 1853, en effet, la Cour suprême fit un premier pas — pas bien timide sans doute — dans la voie de la réaction contre la doctrine de l'arrêt Cressent. La doctrine de l'arrêt que nous allons étudier peut se résumer en ces termes : « Les notaires sont, comme les avocats et les médecins, compris au nombre des personnes auxquelles l'article 378 du Code pénal impose le secret des faits qui leur sont révélés à l'occasion et dans l'exercice de leur profession... ».

Si la Cour en fut restée là, son évolution était radicale et définitive. Mais l'arrêt du 10 juin 1853 tempère l'affirmation du principe par une réserve qui lui enlève presque toute sa portée et que nous pouvons résumer ainsi :

« Lorsque les notaires sont appelés en justice, il ne leur suffit pas pour se refuser à déposer, d'alléguer que c'est dans l'exercice de leur profession que le fait sur lequel leur déposition est requise est venu à leur connaissance, *il faut, en outre, que ce fait leur ait été confié sous le sceau du secret* » (1).

Cette affaire présente un intérêt d'autant plus vif qu'elle met en conflit, d'une part, le conseiller rapporteur M. Faustin-Hélie, l'illustre criminaliste, adversaire avéré du secret professionnel des notaires, auxquels dans son *Traité de l'instruction criminelle*, il déclare l'article 378 du Code pénal inapplicable et M. l'avocat général Plougoulm, d'autre part, qui se fit lui, dans ses conclusions, le champion déterminé du notariat.

Ce qui ajoutait encore, si possible, à l'intérêt du débat, c'est que la Cour était présidée par M. Laplagne-Barris, avocat général lors de l'arrêt Cressent, et qui avait conclu dans le sens de cet arrêt.

M⁰ Lamare, notaire à Pontoise, interpellé par le juge d'instruction d'avoir à expliquer l'emploi d'une certaine somme comprise dans le montant d'une obligation souscrite en son étude par les époux Legros, ses clients, au profit d'un sieur Miramont, répondit qu'il ne pouvait donner d'explications à cet égard, attendu qu'il considérait ces explications comme rentrant dans un fait purement notarial. Pressé de nouveau par le juge d'instruction, M⁰ Lamare déclara qu'il ne pouvait prêter serment que sous la réserve du secret qui lui était imposé pour

---

1. Sirey, 1853. 1 379

les faits dont il n'avait eu connaissance qu'en sa qua‐
lité de notaire et dans l'exercice de ses fonctions.

Comme Mᵉ Cressent, Mᵉ Lamare fut condamné,
par ordonnance du juge d'instruction, à cent francs
d'amende pour refus de déposition. Nous croyons
inutile de donner ici les motifs formulés dans l'or‐
donnance du magistrat. Contentons-nous de dire
que M. le juge d'instruction de Pontoise faisait défi‐
ler dans sa rédaction, tous les considérants de l'ar‐
rêt Cressent, ce qui était bien naturel, et qu'il met‐
tait en vedette l'affirmation capitale de cet arrêt, à
savoir : que les notaires ne sont pas compris dans
la désignation générale de l'article 378 Code pénal :
« Toutes autres personnes dépositaires par état ou
profession des secrets qu'on leur confie ».

Mᵉ Lamare se pourvut, comme Mᶜ Cressent, sans
plus de succès du reste, car son pourvoi fut rejeté
tout comme celui de son confrère. Mais, si Mᵉ Lamare
ne gagna rien au débat devant la Cour suprême, la
thèse du secret professionnel des notaires y gagna
quelque chose : elle remporta un premier succès qui
n'était que le prélude d'un triomphe encore incertain
peut-être, mais très probable à l'heure actuelle.

Nous ne saurions, sans donner à notre étude des
proportions exagérées, retracer *in extenso* les moyens
du pourvoi. Il en est cependant que nous tenons
à reproduire sans trop les écourter.

« Sans doute, était-il dit dans ce pourvoi, l'intérêt
de la vindicte publique, et partant celui de la mani‐

festation entière de la vérité est un des intérêts sociaux les plus graves, *mais ce n'est pas le seul...*

« La nécessité de conserver aux notaires la confiance entière et absolue des parties n'est pas d'une moindre importance... C'est la condition *sine qua non* de cette *juridiction volontaire* des notaires ainsi qualifiée par le législateur lui-même... S'il est vrai que les notaires ont mission de recueillir les communications les plus intimes de leurs clients pour arriver à la rédaction des conventions... n'est-il pas évident que ce but ne saurait être atteint si la possibilité d'une révélation venait arrêter les épanchements de la confiance ? »

Et dans une série d'hypothèses, l'avocat de M. Lamare, Mᵉ Rendu, s'applique à démontrer que la définition par lui rappelée du rôle du notaire est autre chose qu'une phrase à effet :

« Ainsi, par.exemple, il s'agit d'un inventaire à dresser après décès. Une femme tente un détournement ; le notaire l'aperçoit ou la soupçonne. Quel est l'intérêt social ? Faut-il que le notaire se ferme la bouche, pour réserver plus tard son témoignage à la justice après le délit consommé ? Ne faut-il pas bien plutôt qu'usant de son influence et se prévalant de la *discrétion absolue qui en est la sauvegarde*, il conseille, il questionne, il obtient des aveux et des restitutions ? Il le peut si le secret est inviolable, il ne peut rien si le secret peut être livré...

« Un moribond pressé par le remords, veut réparer la ruine d'une famille qu'un crime inconnu a consommée. C'est au notaire qu'il faut bien qu'il s'adresse. L'intérêt social est encore évident ici, et pourtant il sera sacrifié si le notaire est exposé à révéler un déshonneur qui peut rejaillir sur une famille entière...

« Une personne entendait se prévaloir d'une fausse quittance dans un acte authentique, son notaire s'en aperçoit: sûr de lui garder le secret, il arrache un aveu, une renonciation et il emporte le bonheur le plus pur du devoir accompli, en même temps qu'il a sauvé à la Société un désordre à réparer, un crime à punir. »

N'épiloguons pas sur une phraséologie un peu pompeuse qui est de moins en moins dans nos habitudes. L'impression qui se dégage du pourvoi dans l'affaire Lamare, c'est que les hypothèses sur lesquelles il s'appuie peuvent très bien être des faits réels, que l'argument qu'on en tire est fondé, en un mot *que le pourvoi dit vrai.*

Le rapport de M. Faustin Hélie laisse assez facilement apercevoir l'opinion de l'éminent criminaliste. « Le principe général, dit-il, qui se débat au fond de cette question est le droit de la justice d'arriver, par tous les moyens dont elle dispose, à la découverte de la vérité. Chaque restriction, en lui ôtant un moyen de preuve lui enlève une garantie. Jusqu'ici toutes les exceptions que vous avez admises à l'égard du médecin, à l'égard du prêtre, à l'égard de l'avocat, se fondent sur un intérêt que la Justice ne pourrait méconnaître sans cesser d'être la Justice elle-même. *Les notaires invoquent-ils un intérêt aussi impérieux?* Les rapports que leurs fonctions établissent entre eux et leurs clients sont-ils d'une telle nature qu'il soit nécessaire de les dérober aux regards de la Justice? C'est ce que vous avez à apprécier. »

Cependant M. Faustin-Hélie avait laissé tomber certaines paroles que les défenseurs du notariat doivent recueillir précieusement. Lorsque les notaires expriment sur le caractère élevé de leur profession une opinion trop favorable, on est porté à leur dire qu'ils plaident *pro domo* ; et c'est une bonne fortune pour eux de pouvoir invoquer en faveur de leur corporation le témoignage de hauts magistrats ou de notabilités de la science juridique.

Ils ont donc tout intérêt à enregistrer ces déclarations de M. Faustin-Hélie : « Il ne faut point méconnaître que les notaires, comme le disait le conseiller d'Etat Réal dans l'exposé des motifs de la loi du 25 ventôse an XI, sont les conseils désintéressés des parties, aussi bien que les rédacteurs impartiaux de leurs volontés ; qu'il exercent même, suivant l'expression du tribun Favart, une sorte de magistrature ».

Le grand intérêt du débat de 1853 se concentre dans les conclusions de M. l'avocat général Plougoulm qui, lui, prit nettement position contre la jurisprudence de l'arrêt Cressent :

« Quant à nous, Messieurs, disait l'avocat général, nous avons eu d'abord quelque hésitation (sur la question de savoir si les notaires au point de vue du secret professionnel devaient être assimilés aux avocats) ; mais après avoir mûrement approfondi l'esprit de la loi et de notre jurisprudence, nous arrivons ici avec une conviction bien arrêtée. *Oui! il y a parité de motifs ; oui, par leur état et par leur profession, quoique plus rarement que les avocats, les notaires sont souvent appelés à recevoir et même à provoquer les secrets des familles. Ils doivent donc être soumis à la même obligation et jouir devant les tribunaux de la même immunité* ».

Et nous allons trouver posée et résolue de nouveau par l'avocat général, la question qui domine toute cette controverse : « Qu'est-ce, en effet, s'écrie M. Plougoulm qu'un notaire ? Est-ce un simple rédacteur d'actes ? Non ! S'il en était ainsi il n'y aurait pas de question. Le doute vient précisément de ce qu'il est admis et reconnu que le notaire est, en outre, le conseil nécessaire des parties qui se confient à lui pour la rédaction de leurs actes »...

« Pour nous, dit-il encore en terminant, les notaires sont, non seulement des conseils des parties, mais en quelque sorte des confesseurs judiciaires ».

Et M. l'avocat général Plougoulm conclut à ce qu'il plaise à la Cour casser l'ordonnance du juge d'instruction qui a essayé, sous une contrainte pénale, d'imposer au notaire Lamare une obligation de déposer dont sa profession devait l'affranchir.

Cet énergique et éloquent appel ne fut pas entendu. La Cour de cassation rejeta le pourvoi ; mais atténuant cette fois sa jurisprudence de l'arrêt Cressent, et appliquant aux notaires la distinction qu'elle avait posée au regard des médecins dans l'arrêt de 1845, elle déclara : « Que ce n'est que dans le seul cas où « les faits sur lesquels ils sont interrogés leur sont « révélés sous le sceau du secret que des notaires « peuvent être dispensés de déposer ; que les intérêts « des familles peuvent exiger, en effet, dans des cas « particuliers, que les confidences qui leur sont faites « ne soient pas divulguées, et que les graves incon- « vénients qui pourraient résulter de cette divul- « gation *doivent motiver une limite au droit de* « *l'instruction* ».

*
* *

La jurisprudence de la Cour de cassation demeúra pendant une assez longue période fixée dans ce sens. La Cour, dans un arrêt du 7 avril 1870 (1), précisa même un point délicat, et le précisa dans un sens peu libéral. Dans l'arrêt de 1853, elle avait admis pour le notaire le droit de refuser son témoignage sur des faits qui ne lui avaient été révélés que sous le sceau du secret. Mais était-il nécessaire que la demande du secret fut explicite ? Est-ce que cette

1. *Jour. des not.*, 19.872.

demande n'est pas parfois implicite et ne résulte pas
de la nature même des confidences reçues ?

La théorie de la recommandation implicite du
secret aurait eu pour conséquence de faire le notaire
seul juge de ce qu'il devait dire et de ce qu'il devait
taire. Cette théorie fut repoussée par une décision
dont les termes de l'arrêt font très suffisamment connaître l'occasion et la portée.

« Attendu, en fait, que devant le juge d'instruction du Tribunal de Strasbourg, Me Diehl, notaire,
cité comme témoin, avant sa prestation de serment
a fait réserve de garder le silence sur ce qui pouvait
lui avoir été dit confidentiellement en sa qualité de
notaire ; — qu'il a alors ajouté : « Ce n'est pas l'inculpé qui m'a dit rien de confidentiel ; mais une
autre personne, que je ne veux pas nommer, est
venue me trouver quelques jours après la disparition de celui-ci pour me demander des conseils ;
à cette occasion elle m'a entretenu de faits et circonstances relatifs aux crimes de faux et de banque-
route frauduleuse objets de l'inculpation. Cette personne ne m'a pas dit qu'elle me confiait ces choses
là comme un secret particulier ; mais la gravité
même de cette communication me donne la conviction que, quoiqu'elle n'ait pas été faite sous le sceau
du secret, elle a été faite d'une manière entièrement
confidentielle ».

La question était posée très nettement et avec une
loyauté parfaite de la part du notaire. Il y avait dans

l'espèce un cas de recommandation implicite du secret ; mais la recommandation implicite qui résultait du caractère même de la confidence n'avait pas été formulée en termes exprès et M⁰ Diehl avait pensé qu'il était de son devoir de le reconnaître. Sa conduite était d'une correction absolue. Néanmoins comme M⁰ Crescent, comme M⁰ Lamare, il avait été condamné par une ordonnance du Juge d'instruction à cent francs d'amende pour refus de déposition.

Comme dans les affaires Cressent et Lamare, la Cour de cassation rejeta le pourvoi.

« Attendu, dit l'arrêt, que, si le juge d'instruction dans les motifs de sa décision a admis *à tort* (ici la Cour souligne la réaction commencée contre sa jurisprudence de 1830) comme principe général qu'en aucun cas les notaires ne sauraient être dispensés de déposer comme témoins en matière criminelle de faits à eux révélés dans l'exercice de leurs fonctions, son ordonnance se justifie suffisamment dans les circonstances intervenues par cette constatation que la révélation n'avait pas été faite au notaire sous le sceau du secret » (1).

---

1. « Je crois, dit M. Pellerin, que la Cour de cassation est demeurée *en* « *deçà* de la vérité, qu'elle aurait dû être plus large, que le notaire doit « être libre d'apprécier s'il a eu connaissance des faits sur lesquels on l'in- « terroge, sous le sceau du secret ou du moins dans de telles circonstances « qu'il a dû se croire engagé d'honneur à garder le secret.

« Il ne peut y avoir aucune forme solennelle en pareille circonstance. De « même que le dépôt nécessaire en est affranchi, de même le dépôt d'un « secret dans l'oreille d'une des personnes visées par l'article 378 a lieu

*
* *

Cette nouvelle théorie de la Cour de cassation était boîteuse ; — qu'on nous pardonne le mot. Se représente-t-on un client qui, en entrant chez son notaire, commence par lui demander le secret ? Les choses ne se passent pas ainsi. On s'entretient d'une affaire : les détails se présentent subitement à l'esprit : il y en a de confidentiels ; va-t-il falloir au fur et à mesure de la discussion opérer une sorte de triage, éclairer le notaire sur ce qui est confidentiel et sur ce qui ne l'est pas ? lui demandera-t-on un engagement de silence dont il aura bien de la peine à se rappeler les limites ?

Voit-on l'embarras de l'officier public appelé devant le juge d'instruction, ou devant le tribunal et démêlant laborieusement ce qu'on lui a demandé de taire et ce qu'on lui a permis de dire ?

Et puis, à quel moment faut-il qu'on lui ait demandé le secret ? Est-ce avant ou après la confidence ? Les recommandations tard venues sont-elles inefficaces ?

D'ailleurs, lorsqu'au tribunal, le notaire en train

« tous les jours indépendamment de toute recommandation spéciale. Quand « on va chez son médecin, chez son confesseur, sa sage-femme ou son « notaire, il n'est pas d'usage de commencer par leur dire : « Vous savez « que je ne vous parle que sous le sceau du secret ». Ce serait presque « leur faire injure que de douter de leur discrétion » (*Rapports des notaires avec le ministère public*, 4ᵉ article).

de déposer reculera tout à coup devant une question et déclarera qu'à cette question son client lui a défendu de répondre, l'indiscrétion sera plus qu'à moitié commise.

Nous n'hésitons pas à dire avec M. Robert, que cette jurisprudence serait destructive du secret professionnel.

Mais une autre distinction a été posée plus récemment par la Cour de Montpellier dans un arrêt du 31 décembre 1894 (1).

« Les personnes qui, par état ou profession, sont dépositaires des secrets qu'on leur confie, ne sont point dispensées d'une manière absolue de l'obligation générale de dire toute la vérité lorsqu'elles sont assignées en justice, et il ne suffit pas à un notaire, pour se dispenser de faire sa déposition, d'alléguer le secret professionnel.

« C'est donc à tort qu'un notaire se refuse de répondre à la question qui lui est posée quand il s'agit non pas de la rédaction d'un acte de son ministère, mais d'un acte où il pourrait avoir agi simplement comme mandataire ordinaire ou comme un simple gérant d'affaires. Il en serait ainsi notamment lorsqu'un notaire est interrogé sur l'origine et la provenance de titres de rente dont il fait encaisser les coupons par son clerc ».

L'espèce, il faut bien le reconnaître, prête à la res-

______

1. Sirey, 1897.2.169. (Sabathier).

triction du secret professionnel. Ce que faisait dans l'espèce pour son client, le notaire Sabathier, dont il s'agit dans l'arrêt de la Cour, le premier venu eût pu le faire, un agent d'affaires, un ami, un mandataire quelconque.

On comprend que les tribunaux, pour ne pas rendre trop difficile l'œuvre de la justice, répugnent à élargir indéfiniment le nombre des personnes que leur caractère dispense de l'obligation d'apporter leur témoignage aux juridictions devant lesquelles il est réclamé. Dans le notaire, il y a, dit-on, ou tout au moins il peut y avoir deux hommes, le fonctionnaire public, l'ami obligeant et éclairé, que l'on charge d'une commission qui pourrait être confiée au premier venu.

On objecte contre cette distinction une raison pratique qui a une certaine gravité. En distinguant dans le notaire deux hommes, l'officier ministériel et l'agent d'affaires, on impose aux particuliers une obligation délicate à remplir. A l'officier ministériel ils peuvent tout dire sans crainte : rien de leurs confidences ne transpirera au dehors ; vis-à-vis de l'agent d'affaires, ils doivent être prudents, se tenir sur la réserve, et ne dire que ce qui ne peut pas être divulgué sans inconvénient pour eux. Or, c'est là une distinction que beaucoup de personnes ne comprendront pas ; le notaire sera toujours pour elles le fonctionnaire public parce qu'elles ignoreront le plus souvent, ou parcequ'elles ne connaîtront pas d'une manière précise les attributions qui lui sont conférées par la loi. On tend ainsi un piège à la crédulité générale qui, blessée, se resserrera, et en somme on nuit à l'exercice du notariat qui a besoin de la plus grande confiance (1).

Il y a quelque péril à faire du notaire une sorte de « Maître Jacques » dont les devoirs varient avec le service qu'on lui demande. Au moins le maître Jacques de Molière a deux livrées qu'il revêt tour à tour, suivant qu'il reçoit les ordres de son maître en qualité de cocher ou en qualité de cuisinier. Son interlocuteur est averti. Mais le notaire n'a pas deux costumes et il n'est pas toujours facile au client de savoir s'il a affaire à l'officier public ou au gérant d'affaires.

Assurément, pour une personne expérimentée, ayant quelque teinture juridique, le départ des deux sortes d'attributions ne serait pas difficile à faire. Mais, les personnes expérimentées ou ayant quelques notions de droit, on le reconnaîtra, sont relativement peu nombreuses.

« L'objection est certainement grave ; elle ne l'est cependant pas, affirme M. Roux, suffisamment, pour faire repousser la distinction proposée. Le système que la loi établit, comporte d'ailleurs une application humaine, raisonnable, qui permet de satisfaire aux exigences de la pratique. Lorsqu'il sera prouvé

---

1. Muteau. *Op. cit.*

qu'en fait une personne a considéré le notaire comme officier public, à propos d'un acte ne rentrant pas dans son ministère particulier, nous ne verrions, dit M. Roux, nulle difficulté à dispenser le notaire de l'obligation de témoigner ».

Voilà une concession bien dangereuse pour la doctrine de l'arrêt de Montpellier. Si vous admettez, comme le fait l'arrêt, qu'il y a lieu de distinguer entre les actes de la fonction, — ceux qui ne pourraient être faits que par un notaire, — et les actes de l'homme qui pourraient être faits par le premier venu, vous aurez un critérium.

Si vous supposez qu'en confiant à un notaire une mission dont il eût pu investir toute autre personne, le client a considéré la qualité de notaire, de son mandataire (ce qui arrivera presque toujours) et par suite a dû compter sur le secret professionnel, vous n'avez plus de critérium.

Qui pourra dire si le notaire a été ou non choisi à raison de son caractère ? Qui le saura ? Le notaire lui-même, ou son mandant. Le notaire, juge de la question, saura seul s'il peut ou s'il ne peut pas déposer. Il reste donc libre de se retrancher derrière le secret professionnel.

« La Jurisprudence a jugé que les confidences reçues par un prêtre, hors du ministère de la confession, mais à raison de son caractère sacerdotal, devaient demeurer secrètes ». Et M. Roux qui rappelle l'arrêt de Cassation du 4 décembre 1891, où se trouve formulée cette thèse, en prend texte pour affirmer que la jurisprudence semble favorable à une « opinion modérée » (1).

Notre impression n'est pas la même que celle de M. Roux et nous ne croyons pas que la « théorie modérée » qu'il attribue à la Cour de Montpellier et celle qu'il professe lui-même, celle qu'il aperçoit peut-être avec raison dans l'arrêt de Cassation du 4 décembre 1891, soient identiques.

Si vous admettez, comme paraît l'avoir fait la Cour de Montpellier, que le notaire peut être obligé de déposer d'un acte qu'il a été chargé d'exécuter, mais qui aurait pu être fait par une personne quelconque, c'est que vous tirez *du caractère de l'acte* une présomption restrictive du secret professionnel.

Si vous admettez avec M. Roux et avec l'arrêt de Cassation de 1891 qu'une personne exerçant une certaine profession, revêtue d'un certain caractère (notaire ou prêtre) peut être tenue au secret pour des confidences reçues en dehors de ses fonctions, c'est que vous tirez du *caractère de la personne* une présomption extensive du secret professionnel.

Ce sont là deux solutions parfaitement différentes et nous craignons que M. Roux ne les ait confondues.

Posons bien l'antagonisme des deux thèses.

Un secret est confié à un notaire en dehors de ses fonctions : la présomption est que ce secret lui a été

1. Sous Cass. 4 décembre 1891 (S. 1892.1.493).

confié *parce qu'il est notaire :* et pour que le notaire fût contraint de déposer il faudrait démontrer — c'est une démonstration d'ailleurs impossible — que le caractère du confident n'est entré pour rien dans les considérations qui ont dicté la confidence. Si telle est la thèse de M. Roux, nous n'hésitons pas à nous y rallier, tout en faisant observer que la preuve destructive de la présomption ne pourra jamais, en fait, être administrée.

Un mandat a été donné à un notaire, qui aurait pu être confié à un simple particulier, la présomption serait que le caractère du mandataire n'a pas été pris en considération ; et le notaire ne pourrait se refuser à déposer qu'en prouvant que c'est son caractère notarial qui a provoqué la confiance de son client, et nous considérons la chose comme tellement probable que nous la tenons pour démontrée, ce qui nous empêche de nous rallier à la doctrine « modérée » de la Cour de Montpellier.

Nous n'admettrions de réserve au secret professionnel que dans un cas, et il est tellement rare, tellement invraisemblable, que nous doutons qu'il mérite d'être retenu : le notaire serait tenu de déposer, lorsque l'acte pour lequel son ministère a été sollicité et obtenu, est tellement étranger à ses fonctions qu'il semble qu'on ait cherché, en demandant le concours d'un notaire, à assurer une impossibilité de divulgation qu'on n'aurait pas pu espérer avec toute autre personne.

Et dans cet ordre d'idées il nous revient en mémoire une anecdote dont nous ne garantissons pas l'authenticité, mais qui ne saurait sembler déplacée en cette étude, puisque les auteurs, les arrêts, les magistrats établissent une perpétuelle comparaison entre les notaires et les confesseurs.

On sait qu'en Russie le Tsar est le chef suprême de la religion : en cette qualité il a le droit d'entendre en confession ceux de ses sujets qui, par une pétition spéciale, sollicitent cette haute faveur. Un conspirateur incorrigible, sur le point de tomber dans les filets de la police, avait par deux fois obtenu de l'empereur Nicolas Ier, l'audience sacerdotale ; ce qui lui procurait le bénéfice du secret professionnel de son auguste confesseur. A la troisième fois, l'empereur imposa pour pénitence à son client... d'aller raconter au Préfet de police tout ce qu'il venait de lui exposer dans le secret du confessionnal !

De cette façon d'envisager la question résulterait pour les notaires le devoir d'arrêter certaines confidences sur les lèvres de leurs clients et de refuser certains services trop en dehors de leurs habitudes professionnelles.

Il y a tout au moins une partie de ce devoir qui est en fait difficile à remplir : c'est lorsqu'une confidence s'est déjà échappée que celui qui la reçoit en apprécie le véritable caractère. On n'est pas libre de refuser le dépôt d'un secret, comme on refuserait un dépôt d'argent. L'argent se reprend, le secret ne se reprend plus !

Ce que l'on peut toujours, c'est refuser l'acceptation d'un mandat dont le caractère semblerait suspect. Dans ce cas, dans ce seul cas, si par malheur le mandat avait été imprudemment accepté, on pourrait peut-être soutenir que le notaire est délié du secret professionnel ?... Et encore ?

Certes, l'intérêt public ne doit pas être sacrifié sans nécessité ; mais si l'on considère que c'est l'intérêt public qui serait exposé par les restrictions imposées au secret professionnel des notaires, ainsi que d'éminents magistrats n'ont pas hésité à le déclarer, on n'est pas tenté de se rallier aux solutions transactionnelles.

« Il faut, dit un proverbe connu, qu'une porte soit ouverte ou fermée ». La Jurisprudence, dont nous comprenons les hésitations, ne s'en est pas assez souvenue. De là tout ce qu'il y a d'impratique dans les décisions par lesquelles elle a essayé de concilier les principes en conflit.

B. — *La doctrine.*

Si la Jurisprudence n'a accepté l'application de l'article 378 aux notaires que de mauvaise grâce, tardivement et non sans réserves, la grande majorité des auteurs s'est montrée favorable à cette application (1).

Nous disons « la majorité » et non l'unanimité des auteurs. Chauveau et Faustin-Hélie sont des adversaires connus de la théorie qui considère les notaires comme compris dans l'expression « toutes personnes dépositaires par état ou profession des secrets qu'on leur confie » de l'article 378 (2).

Les devoirs des notaires ont été spécifiés, d'après Chauveau et Faustin-Hélie, dans l'article 23 de la loi du 25 ventôse an XI. Il résulte de là que l'obligation du secret est, en ce qui le concerne, réduite aux actes, et que même elle n'est pas absolue ; qu'en conséquence, cette règle se trouvant écrite dans une loi pénale qui définit leurs attributions et les soumet à une discipline sévère, il y a lieu de penser qu'elle n'a reçu aucune atteinte de l'article 378 du Code pénal et que cet article n'a pas substitué ses peines aux peines disciplinaires portées par la loi du 25 ventôse an XI, et qu'enfin les notaires ne sont pas compris dans la classe des personnes qui sont, par leur profession, dépositaires du secret qu'on leur confie.

Pour Legraverend (3), l'article 378 du Code pénal

---

1. Rauter. *Dr. Crim.* Tome II, p. 105. Favard de Langlade. *Rép. de Jurisp.* V° notaire. Section 7, art. 5. Merlin. *Répert.* V° Déposition, n° 566. Blanche. *Etude pratique du Code pénal,* 5ᵉ étude, p. 553. Muteau. *Du secret professionnel,* p. 477, 480. Dalloz. *Rép.* Vⁱˢ. Révél. de secrets, n° 14 et Témoins, n° 43. Garnier-Deschesnes, n° 117.

2. Chauveau et Faustin-Hélie. Tome VI, p. 523.

3. Legraverend. *Législation criminelle* Tome I, page 261.

est mis en échec par l'article 80 du Code d'instruction criminelle. « Toute personne, aux termes de ce
dernier article, citée pour être entendue en témoignage, sera tenue de comparaître et de satisfaire à
la citation » (Peut-être Legraverend exagère-t-il la
portée de l'article 80 : il n'y a rien d'incompatible
entre la comparution du témoin qui obéit à la citation et le refus de déposer sur certains faits dont la
divulgation est interdite par le secret professionnel).
Quoiqu'il en soit, le jurisconsulte estime que l'article 378 n'a eu pour but que d'empêcher les révélations spontanées et, qu'en conséquence, un officier
public ne peut être affranchi de la règle qui veut
que tout citoyen dépose en justice des faits parvenus
à sa connaissance.

La même doctrine défavorable au secret professionnel a été soutenue par Gagnereaux (1) : l'article 378, d'après cet auteur, placé sous la rubrique
des calomnies, injures et révélations de secrets, a
pour objet de punir les révélations indiscrètes inspirées par la méchanceté, par le dessein de nuire ;
mais il ne s'ensuit pas que les dépositaires de secrets
soient affranchis du devoir supérieur d'éclairer la
Justice sur les faits parvenus à leur connaissance,
lorsqu'ils sont appelés en témoignage devant une
juridiction criminelle ou devant un juge d'instruction.

Au moins, d'après Gagnereaux, serait-il bien cer-

1. Gagnereaux. *Commentaire de la loi de ventôse an XI*. Tome I, page 466.

tain que, dans les affaires criminelles, les notaires ne peuvent se dispenser de témoigner sur les faits matériels dont ils ont eu connaissance.

*
* *

La grande majorité des auteurs professe la doctrine opposée.

Au lendemain de la loi de ventôse, le premier commentateur de cette loi, Loret, après s'être expliqué sur le secret des minutes, poursuivait en ces termes :

« La disposition du présent article (l'art. 23) renferme encore, à l'égard du notaire, un autre devoir sacré qui dérive de sa qualité de dépositaire légal des minutes des actes qu'il reçoit.....

(Nous avouons, pour notre part, ne pas très bien comprendre la filiation, d'après Loret, de ce second devoir des notaires. Le secret des minutes et le secret des confidences dérivent à notre sens d'un principe commun, mais nous ne voyons pas bien pourquoi et comment ils dériveraient l'un de l'autre).

« Nous voulons parler du secret que cet officier doit garder sur tous les actes de son ministère ».

Et après avoir exposé l'obligation admise par Denizart pour le notaire de déposer en justice, quand il en est requis, sur les confidences qu'il a reçues :

« Nous ne partageons pas, dit Loret, l'opinion de cet auteur sur les inductions qu'il tire des arrêts pour prétendre que les notaires sont obligés de déposer même en matière civile sur des faits qui se sont passés lors de la passation des actes qu'ils ont reçus ».

Loret s'exprime là d'une manière un peu équivoque : est-ce seulement en matière civile qu'il attribue au notaire le devoir de refuser sa déposition ? Serait-il moins strict en matière criminelle ? C'est un point sur lequel il a négligé de nous éclairer d'une manière précise, mais il paraît bien résulter de l'ensemble de son œuvre qu'il tient pour absolue et générale l'obligation du secret professionnel.

Il dit ailleurs, en effet : « Le notaire doit avoir la délicatesse non seulement de ne pas abuser pour ses intérêts personnels des secrets des familles, des embarras d'affaires, des projets, des négociations qui lui sont confiées (1), mais même *de ne pas se permettre à ce sujet la plus légère indiscrétion pouvant préjudicier aux parties qui se sont adressées à lui.* »

Carnot attribue à l'article 378 du Code pénal une portée générale et un caractère absolu. Dès l'instant que cet article défend la divulgation des secrets

---

1. Emile Augier dans sa Comédie du *Maître Guérin* a précisément mis en scène le contre-pied du type dessiné par Loret. On peut, en étudiant le personnage, se rendre compte de ce que le notaire ne doit pas faire, ne doit pas dire, ne doit pas être. Les dramaturges donnent quelquefois de ces leçons aux juristes et il ne faut pas se presser de leur crier : *Ne, sutor….. !*

à tous ceux que leur profession en fait les dépositaires, un notaire pourrait *dans tous les cas* refuser de répondre aux interpellations de la justice. « La loi, dit Carnot, ne peut exiger qu'on se rende complice d'une immoralité qu'elle-même a considérée comme un délit punissable. Aussi l'article 378 n'a-t-il pas excepté ce cas de sa disposition » (1).

Pas de distinction non plus dans Ed. Clerc qui admet, lui aussi, que le notaire ne peut être tenu de déposer des faits qui lui ont été révélés dans le secret de son étude. « S'il est, en effet, dit-il, dans la société, une profession dont la confiance la plus absolue soit en quelque sorte l'âme et la vie, c'est le notariat. Pour être utilement conseillées dans leurs affaires, les parties sont souvent obligées de dévoiler aux notaires, qu'on a appelés avec raison des *confesseurs judiciaires*, le secret le plus intime de leur conduite privée, de leurs mœurs, de leurs affections ; et ce serait complètement dénaturer le ministère du notaire, tel qu'il est né de la loi et des habitudes sociales, que de vouloir le contraindre à violer les secrets qui lui ont été confiés.» (2).

M. Muteau (3) défend avec énergie le secret professionnel des notaires, soit qu'il s'agisse pour eux de déposer devant les tribunaux civils, soit que

1. Carnot. *Commentaire sur le Code pénal.* Notes add. 5.
2. Ed. Clerc. *Traité formulaire.*
3. Muteau. *Du secret professionnel*, p. 16, 467 et s.

leur témoignage soit réclamé devant les juridictions répressives. .

« N'est-il pas juste, écrit-il, de reconnaître que les notaires sont, sous le rapport du secret de leur cabinet, dans la même position que les avocats et avoués, qu'ils donnent des conseils et reçoivent des confidences, et que la divulgation dont ils peuvent se rendre coupables est aussi odieuse que si elle émanait d'un avocat ? Est-il donc supposable que le législateur ait voulu leur faire une situation différente ? »

Dans le même sens, M. Lansel et M. Robert, dont l'opinion peut être rendue plus suspecte par leurs attaches notariales, mais dont personne ne peut nier la haute compétence. Qui s'inscrirait en faux contre ces lignes de M. Robert: « Le secret professionnel est pour les personnes qui sont investies de certaines fonctions une obligation tellement étroite que l'on ne comprendrait pas que ces fonctions elles-mêmes pussent être exercées sans trouble pour la société si ce secret n'était pas observé d'une manière absolue ? »

Et lorsqu'on objecte l'intérêt supérieur de la vindicte publique, il est bon de se souvenir de cette observation que nous empruntons au même article de M. Robert : « La sagesse du législateur n'avait cru pouvoir délier de cette obligation d'intérêt public les dépositaires du secret que dans l'unique cas où la loi leur prescrivait de se porter dénonciateurs ; mais cette exigence même a été rayée de nos Codes par la loi du 28 avril 1832, et l'obligation du secret ne comporte plus d'exception... »

M. Amiaud est peut-être plus qu'il ne le pense lui-même un partisan de ce système. Se posant la question de savoir si, en matière criminelle ou correctionnelle, le notaire est astreint au secret il répond en ces termes : «Nous ne pensons pas que le notaire puisse toujours et en tous cas se retrancher derrière le secret professionnel... Si le notaire a eu connaissance des faits dans l'exercice de ses fonctions de notaire, et s'ils lui ont été confiés *sous le sceau du secret* il faut décider avec la Cour de cassation (arrêts de 1853 et de 1870) que le notaire est dispensé de déposer sur ces faits. *Mais le notaire doit rester seul juge de sa situation* et il suffit qu'il affirme ce caractère pour être cru sur parole ».

Cette conclusion détruit toute restriction. Est-il nécessaire, d'après M. Amiaud, que le secret ait été explicitement demandé au notaire pour qu'il se dispense de déposer. Non, il aura à se poser seulement cette question : « M'aurait-on confié tel fait, si je n'étais pas notaire ? » Et s'il la résout négativement en son âme et conscience, il refusera de déposer. Mais la plupart des partisans du secret professionnel n'ont pas prétendu autre chose ! Et le problème que nous étudions consiste précisément à savoir si, devant les tribunaux correctionnels ou criminels, le notaire *peut* et non pas s'il *doit* se retrancher derrière le secret professionnel.

Rutgeerts enseigne à peu près la même doctrine, quoiqu'il ne soit pas très ferme ni très précis. Après avoir rappelé les arrêts de 1810 et de 1828 qui ont consacré le secret professionnel du prêtre et de l'avocat il dit : « Il en doit être de même, *en certains cas*, pour le notaire. Le juge doit se fier à sa parole s'il affirme qu'il ne pourrait pas, sans se déshonorer, dévoiler les faits qui lui ont été confiés, dans l'exercice de ses fonctions, *sous le sceau du secret* ».

« Sous le sceau du secret » ! voilà qui est de trop. Mais comme il est facile de voir que Rutgeerts s'en rapporte au notaire sur le point de savoir si la communication faite a un caractère confidentiel, qu'il n'exige pas le moins du monde une recommandation explicite du secret, le système qui défend l'inviolabilité du secret professionnel peut le revendiquer comme un de ses adhérents.

Rutgeerts éclaire d'ailleurs sa pensée par un exemple saisissant :

« Supposons, dit-il, qu'un père de famille ait eu le malheur d'avoir un fils qui a dérobé dix mille francs à un banquier, son patron. Le père tout éperdu court chez un notaire, son ami, et lui fait dans son désespoir la confidence du délit et demande comment il pourra le réparer. Le notaire le rassure et lui procure un prêt de dix mille francs pour rendre la somme au patron. Si le fils est poursuivi dans la suite, qui oserait soutenir que le notaire doit dévoiler ce secret même à la justice ?

« A notre avis il ne commettrait pas seulement une action malhonnête, mais il serait déshonoré pour la vie ! »

Ce cri d'honnête homme vaut toute une argumentation.

*
* *

Nous ne croyons pas inutile, en terminant ce chapitre, de jeter de nouveau un coup d'œil sur les législations étrangères.

Quelques-unes de ces législations, comme la législation italienne, ne permettent pas à un témoin d'exciper devant la justice du secret professionnel (1).

Nous ne rencontrons pas non plus en Angleterre de dispense de témoigner au profit de ceux que leur profession constitue dépositaires des secrets d'autrui.

En Autriche, nous trouvons au Code pénal deux articles (art. 498 et 499) qui punissent les révélations de secrets ; mais les articles 151 et 152 du Code d'instruction criminelle, qui consacrent le droit de refuser leur témoignage aux personnes tenues du secret professionnel ne visent pas les notaires.

En Allemagne l'article 52 du Code de procédure pénale admet au contraire la dispense de déposer en justice, et cette disposition, rapprochée de l'article 300 du Code pénal (article correspondant à notre article

1. Code pénal italien, art. 102 et 103.

378) qui comprend les notaires dans son énumération, suffit à éclairer la question.

§ II

Le secret professionnel devant les Tribunaux civils.

Nous avons à nous demander maintenant quelle situation est faite au notaire appelé à déposer non plus devant une juridiction répressive, mais au cours d'une enquête devant le tribunal civil. Verrons-nous surgir les controverses qui divisent les tribunaux et les jurisconsultes en matière criminelle, ou faut-il croire, avec M. Amiaud, qu'en matière civile « le principe du secret professionnel est aujourd'hui pour les notaires, comme pour les avocats et les prêtres, au-dessus de toute discussion ? »

Cette question comme la précédente a besoin d'être étudiée : 1° en jurisprudence ; 2° en doctrine.

A. — *La Jurisprudence.*

Les tribunaux ont, à maintes reprises, admis le droit des notaires de se refuser à déposer dans une enquête civile.

Nous pouvons relever dans cet ordre d'idées un arrêt de la Cour de Bordeaux du 16 juin 1835 (1) :

« Attendu, déclare la Cour, que les faits sur lesquels Darrieu est appelé à déposer se sont passés

1. Sirey. 36. 2. 3o.

dans son étude, qu'ils lui ont été révélés en sa qualité de notaire et qu'il ne pourrait, sans abus de confiance, divulguer le secret confié à sa discrétion : que dès lors, il y a lieu d'ordonner, sur sa demande formelle, que son témoignage ne soit pas admis, ordonne que Darrieu notaire ne sera pas entendu dans sa déposition.

(Il s'agissait dans l'espèce de l'existence d'un billet à ordre de 20.000 francs souscrit à titre de supplément de prix par l'acquéreur d'un immeuble hypothéqué au débiteur hypothécaire ; par conséquent d'une dissimulation de prix dans la vente d'un immeuble hypothéqué que le créancier hypothécaire lésé prétendait être connue du rédacteur de l'acte de vente).

Même solution a été donnée par un jugement du Tribunal de la Seine du 20 avril 1845 (1).

La question a été de nouveau tranchée dans ce sens par un jugement du tribunal d'Anvers du 14 décembre 1851, confirmé par un arrêt de la Cour de Bruxelles, en date du 10 décembre suivant ; par un arrêt de Cassation du 24 mai 1852 et enfin, par un nouveau jugement d'Anvers du 2 mars 1877 (2).

Mais l'arrêt le plus récent et le plus explicite sur la matière nous paraît être un arrêt de la Cour de Toulouse du 30 mars 1898 (3).

1. J. N. 12.457.
2. J. du N. N° 3.006.
3. *Rev. du Notar.* N° 10.154.

Il s'agissait dans l'espèce de savoir si un sieur Rumeau, décédé, avait, quelque temps avant sa mort, chargé Mᵉ Arrieu d'acheter pour lui des rentes au porteur, Mᵉ Arrieu assigné comme témoin refusa de déposer en alléguant que les opérations qu'il avait pu faire dans l'intérêt de la famille Rumeau lui avaient été confiées en sa qualité de notaire, et qu'en conséquence, il était lié par le secret professionnel.

La Cour admit la prétention de Mᵉ Arrieu.

« Attendu, dit l'arrêt, que les notaires sont appe-
« lés à recevoir des confidences, non seulement à
« l'occasion des actes authentiques qu'ils ont à rete-
« nir, mais encore à raison de tous faits intéressant
« la gestion de la fortune de leurs clients, à qui ils
« inspirent toute confiance par leur intelligence, leur
« probité, leur expérience, leur savoir professionnel :
« que le secret s'impose à ces officiers publics dans
« les deux cas avec une égale force et par les mêmes
« motifs... ».

La Cour, en conséquence, réforma la décision du tribunal de première instance de Saint-Girons qui avait, d'après elle, fait trop bon marché du secret professionnel du notaire Arrieu (1).

*
* *

D'autres décisions de justice ont formulé, dans des procès civils, une distinction que nous avons vu

1. Le dernier cahier de Sirey (2ᵉ cahier de 1905) paru au moment où nous mettons sous presse la présente étude, nous donne un peu tartivement un arrêt de la Cour de Riom du 21 mars 1902 qui marque un recul sur la

apparaître en matière criminelle entre les faits dont le notaire a eu connaissance dans l'exercice de ses fonctions, et ceux qu'il a connus en dehors de son ministère.

C'est ainsi que le tribunal d'Angoulême, par un jugement du 27 juin 1899, a décidé qu'un notaire qui a assisté à un partage de mobilier, non point comme notaire (puisqu'il n'a pas rédigé l'acte de partage), mais comme ami des co-partageants, ne peut refuser de déposer dans une enquête civile, ordonnée à l'occasion d'un détournement prétendu de valeurs successorales, sur les faits qui ont pu se passer en sa présence et les paroles qu'il a pu entendre (1).

De même un jugement du tribunal de commerce de Lyon a posé en principe qu'un notaire ne peut refuser de témoigner d'un prêt verbal ou d'un prêt par billet, — opération qui ne nécessitait aucun recours à son ministère. Remarquons que, dans l'espèce, le notaire ne s'était point retranché der-

jurisprudence de la Cour de Toulouse. Aux termes de cet arrêt : « Un notaire actionné par les héritiers d'un de ses clients en restitution d'un dépôt que les héritiers prétendent avoir été fait entre ses mains par le *de cujus* .ie peut invoquer le secret professionnel, pour se refuser à répondre dans un interrogatoire sur faits et articles sur l'existence de ce dépôt » (S. 1905. 2. 36).

Il y a à notre sens deux situations qu'il ne faut pas confondre : 1o le cas où le notaire est interrogé comme témoin dans une enquête, et dans ce cas le secret professionnel ne saurait admettre aucune restriction ; 2o le cas où le notaire est personnellement en cause et dans lequel il ne peut faire du secret professionnel une arme à son profit. — C'est cette dernière hypothèse qui vise l'arrêt de Riom.

1. *Rev. du Not.*, no 10.581.

rière le secret professionnel, les faits étant parvenus à sa connaissance en dehors de sa profession ; mais il avait été reproché par le défendeur. Le tribunal de commerce refusa d'admettre le reproche et la Cour de Lyon confirma son jugement par un arrêt du 17 janvier 1889 (1).

Des considérations de fait ont pu inspirer et justifient jusqu'à un certain point ces décisions.

Mais nous pensons qu'on ne peut leur attribuer que la portée toute relative de décisions d'espèces, et qu'on ne saurait admettre, en thèse générale, que la règle du secret professionnel ne doit être appliquée que dans le cas où le fait à l'occasion duquel le notaire est appelé à déposer se rattache à l'exercice de ses fonctions notariales proprement dites.

Le notaire, lors même qu'il agit comme mandataire, comme conseil, comme ami expérimenté, est aussi bien tenu au secret, que lorsqu'il intervient à titre nettement professionnel (2), et dans tous les cas, — c'est la formule qu'il est essentiel de retenir, — il est *seul juge* de la question de savoir si c'est à son caractère qu'il doit la connaissance des faits sur lesquels il est invité à déposer.

Nous admettrions en conséquence que si, dans l'espèce tranchée par le tribunal de commerce de Lyon, le notaire qui consentait à déposer ne pouvait pas être reproché, c'est à tort que le jugement d'An-

1. *Rev. du Not.*, n° 8.081.

2. *Sic.* Pellerin. *Rev. du Not.*, n° 6.789, page 21 et *Rev. du Not.*, n° 8.081 (Note sous l'arrêt de Lyon précité).

goulême du 27 juin 1899 a décidé qu'il ne pouvait refuser son témoignage dans l'enquête civile au cours de laquelle son témoignage était requis.

B. — *La doctrine*.

En ce qui concerne la doctrine, nous n'avons pas à relever à nouveau l'opinion des auteurs qui enseignent que le secret professionnel du notaire doit être respecté même en matière criminelle. — A plus forte raison, ces auteurs admettent-ils que ce secret doit être respecté en matière civile, mais il est bon de remarquer que parmi ceux-là même qui soutiennent que, devant les juridictions répressives, l'obligation au secret doit céder devant l'intérêt social, il en est un bon nombre qui admettent pleinement cette obligation en matière civile.

Nous pouvons signaler parmi ces auteurs Rolland de Villargues qui s'exprime en ces termes : «... Aujourd'hui comme autrefois les notaires ne peuvent être obligés de déposer *dans une instance civile* de faits qui ne sont venus à leur connaissance que comme notaire. *Ils ne peuvent être contraints à cette révélation, que dans les causes criminelles à cause du grand intérêt de la société* » (1).

1. Rolland de Villargues n'est cependant pas très ferme dans cette doctrine. « Un notaire, se demande-t-il, peut-il être obligé de faire connaître le nom de celui qui lui a déposé un testament olographe attaqué depuis pour cause de suggestion, supposé qu'il n'ait pas été dressé acte de dépôt ? — La question peut paraître délicate. — Toutefois, si le disposant avait recommandé de taire son nom, nous pensons que le notaire ne pourrait être forcé de le révéler. Tandis que, dans le cas contraire, nous ne croyons pas

§ III

Doit·on distinguer entre les procès civils et les procès criminels au point de vue du secret professionnel des notaires ?

Si nous examinons dans son ensemble l'évolution de la Jurisprudence au sujet du secret professionnel des notaires, nous pourrons constater que, d'une part, c'est avec beaucoup de restrictions et de réserves qu'elle l'a admis en matière criminelle, qu'en matière civile elle s'est fixée plus vite et se prononce plus nettement en sa faveur.

Cette distinction des deux théories doit-elle être maintenue? Nous n'en croyons rien, et nous nous associons complètement à la doctrine des juristes qui la rejettent.

Qu'on lise les uns après les autres les considérants des arrêts rendus au profit des notaires en matière civile, il est impossible de rencontrer dans leurs motifs une réticence ; et si l'on n'avait sous les yeux l'espèce dans laquelle le tribunal a eu à se prononcer, on chercherait vainement à deviner, sous les affirmations générales des considérants de droit, la nature de l'affaire dans laquelle le notaire a été dispensé de déposer.

que le secret soit imposé au notaire. Le dépôt, même alors qu'il est de confiance, est un acte licite qu'on ne peut craindre d'avoir à désavouer. Pourquoi donc le notaire se croirait-il obligé de garder le silence sur ce qui n'est pas un secret ? *Rolland de Villargues.* V° secret. n° 16.

Prenons le plus récent des arrêts, cités plus haut, celui de Toulouse du 30 mars 1898 : « Attendu, dit la Cour, que les notaires sont appelés à recevoir des confidences, non seulement à l'occasion des actes authentiques qu'ils ont à retenir, mais encore à raison de tous faits intéressant la gestion de la fortune de leurs clients... que le secret s'impose à ces officiers dans les deux cas avec une égale force et pour les mêmes motifs... »

Aimez-vous mieux vous en rapporter aux termes de l'arrêt de Bordeaux du 16 juin 1835 ? « Attendu, disent les considérants, que les faits sur lesquels Darrieu est appelé à déposer se sont passés dans son étude, qu'ils lui ont été révélés en qualité de notaire, et qu'il ne pourrait, sans abus de confiance, divulguer le secret confié à sa discrétion... »

La Cour de Toulouse, la Cour de Bordeaux statuent-elles en matière civile ou en matière criminelle ? C'est un point qu'il est impossible de découvrir à travers la généralité des termes des deux arrêts.

Il n'y a que le tribunal de Bougie (1) qui limite la portée de son système : « Il serait périlleux, affirme-t-il, en matière civile *surtout pour un intérêt privé* d'amoindrir le crédit et l'autorité du notariat... » Voilà un « surtout » qui en dit bien long ; car si la discrétion professionnelle s'impose *surtout* en matière civile et lorsqu'il s'agit d'un intérêt privé, cela ne veut pas dire qu'elle ne soit plus de mise en matière

—

1. *Rev. du notar.* n° 5.439.

criminelle et lorsque l'intérêt public attaché à l'autorité du notariat se trouve en conflit avec un autre intérêt public.

C'est d'ailleurs presque un paradoxe que de soutenir qu'un notaire doit se taire quand il pourrait faire perdre quelque argent à son client, mais qu'il doit parler quand il court le risque de l'envoyer au bagne !

De nombreux auteurs cités plus haut repoussent la distinction entre les matières civiles et les matières criminelles. Et nous disons après eux : *Ubi eadem ratio ibi idem jus.*

Existe-t-il donc une raison de distinguer ? Oui, il en existe une très sérieuse, et il serait puéril d'en méconnaître la gravité. En matière civile, l'observation du secret professionnel ne peut mettre en échec qu'un intérêt privé. En matière criminelle, au contraire, elle heurte un intérêt social.

Mais, nous pensons pour notre part, que cette considération ne suffit pas pour motiver l'établissement de deux théories différentes ; et nous ne sommes pas les seuls à penser ainsi. N'a-t-on pas vu d'éminents magistrats du ministère public, comme M. Plougoulm admettre l'unité de la théorie du secret professionnel ? N'a-t-on pas vu des criminalistes célèbres la défendre ?

Quand on songe à tout le mal que peut éviter, à tout le bien que peut faire un notaire dont aucune juridiction ne pourra délier la langue, on ne peut s'empêcher de penser que la nécessité sociale de l'inviolabilité du secret prime toute autre nécessité sociale ou plus exactement tout autre intérêt social.

Il vaut mieux prévenir le mal que d'avoir à le réprimer. Plus modeste que celle du juge, la mission du notaire est à certaines heures plus utile et tout aussi respectable.

C'est d'ailleurs rapetisser la question que de la réduire aux proportions d'un conflit entre un intérêt public et un intérêt privé. Ce sont bien deux intérêts publics qui sont en lutte. L'autorité et le crédit du notariat sont une question d'intérêt public, et le problème n'a jamais été envisagé sous un autre aspect par tous les champions du secret professionnel.

Défendre les droits des notaires, c'est défendre les droits d'une magistrature ; il ne faut pas perdre de vue, lorsque l'on traite cette matière, cette affirmation de Loyseau « que les parties comparaissent devant le notaire comme en droit et en jugement » (1).

§ IV

Conclusion.

Au cours de ce long examen de la jurisprudence et de la doctrine, nous n'avons point caché nos tendances, et notre conclusion ne saurait surprendre.

1. Loyseau. *Traité des offices.*

Partisan convaincu du secret professionnel des notaires, nous croyons qu'il y a lieu de rejeter les réserves et les distinctions qui ont été formulées à diverses reprises, soit par la Cour suprême, soit par la Cour d'appel. Nous croyons, avec Mollot, avec Rutgeerts, que de la question de savoir si un fait révélé au notaire a, ou non, un caractère de révélation confidentielle, la conscience du témoin doit demeurer seul juge.

Mais nous ne pensons pas qu'il y ait lieu de revenir au système excessif formulé par la Cour de Montpellier dans le vieil arrêt du 24 septembre 1827. On se rappelle que la Cour avait reconnu au notaire (affaire Teyssier) le droit de se retrancher derrière le secret professionnel alors qu'il était autorisé à déposer par toutes les parties en cause.

Cette jurisprudence dépasse le but; et nous dirons avec M. Muteau que l'obligation du secret cesse pour l'officier public lorsque toutes les parties intéressées invoquent son témoignage sur les faits qui se seraient passés ou sur les explications qui auraient eu lieu lors de la réception d'un acte.

Remarquons toutefois que le notaire devrait être relevé du secret professionnel non par toutes *les parties en cause,* mais par toutes *les parties intéressées,* ce qui n'est pas nécessairement la même chose (1).

---

1. Nous ne pouvons nous dissimuler que la théorie aux termes de laquelle *le consentement même de celui qui a confié le secret n'affranchit pas le dépositaire de l'obligation de le garder,* gagne du terrain. Elle avait été déjà sou-

Et à cette occasion, remarquons que M. Rutgeerts émet, en matière civile, une opinion qui ne nous paraît pas acceptable. D'après l'éminent professeur de Louvain, le notaire ne pourrait pas refuser de déposer quand son témoignage est demandé par l'une des parties contractantes.

Il y a dans ce sens un jugement du tribunal de première instance de Besançon du 2 août 1833 : « Le notaire, est-il dit dans ce jugement, doit la vérité à toutes les parties dont il a reçu les conventions ».

« Ce jugement, dit Rutgeerts, est rationnel ; le secret de ce qui s'est passé entre les parties contractantes à l'occasion d'un acte, est la conséquence de celui qui est prescrit au notaire à l'occasion de l'acte lui-même. Si le notaire ne peut pas révéler à des tiers les faits relatifs à des actes reçus par lui, il n'a plus de secret à garder lorsque c'est une des parties intéressées qui invoque son témoignage au sujet de

tenue par Blanche, par Rauter. M. Villey dans une note sous l'arrêt de Paris, du 5 mai 1885 (S. 1885.2.121), la déclare la meilleure.

M. Garraud enseigne lui aussi la doctrine de l'arrêt de Montpellier : d'après le distingué criminaliste, l'autorisation même des parties intéressées serait impuissante à relever le confident du secret professionnel (N° 2.068). On pourrait tirer un argument dans le sens de ce système des termes dont se servait Cailly en présentant au Conseil des Anciens l'exposé des motifs sur la loi de ventôse an XI : « Le secret est de *l'essence* des fonctions notariales ». Mais il ne nous est nullement démontré que Cailly ait mesuré exactement la portée des expressions dont il s'est servi dans son rapport. Cette théorie est également celle de Lefebvre *(Traité de la discipline notariale,* n° 449). Dans le même ordre d'idée il a été admis par un arrêt de la Cour d'assises du Lot-et-Garonne du 15 décembre 1887 que la défense de les révéler faite au dépositaire de secrets par état ou profession est absolue et d'ordre public *(Revue du Notariat,* n° 7.747).

faits qui se seraient passés ou d'explications qui auraient eu lieu au moment de la réception de l'acte. Le notaire ne peut plus alors refuser de déposer ».

M. Amiaud, qui a si savamment annoté l'ouvrage de Rutgeerts, déclare ne pas partager son avis sur ce point : l'obligation au secret ne cesse pour le notaire, même en matière civile, que si toutes les parties intéressées invoquent son témoignage, et non si ce témoignage n'est invoqué que par quelques-unes des parties. Nous partageons entièrement l'opinion de M. Amiaud.

Nous nous associons encore à son sentiment lorsqu'il décide que l'obligation du notaire au secret ne pourrait cesser si l'une des parties était décédée et aussi lorsqu'il ajoute : « L'obligation du secret ces-« serait pour le notaire dans le cas où l'intérêt légi-« time du notaire l'exigerait, par exemple, s'il était « poursuivi pour refus de ministère, s'il ne pouvait « se disculper qu'en déclarant que l'acte qu'on lui « demandait de recevoir était contraire aux lois, ou « aux mœurs, ou frauduleux ».

En pareil cas le droit naturel de la défense prime toute autre considération. D'ailleurs peut-on bien appeler « le notaire d'une partie » l'officier public qui a refusé d'instrumenter pour elle ?

Il peut y avoir certainement, au principe que nous avons essayé de dégager, des exceptions dont on ne saurait donner une énumération et qui justifieraient

des arrêts d'espèce sans ébranler les bases de la doctrine.

§ V

*Les révélations provoquées par la Justice peuvent-
elles tomber sous l'application de l'article 378 ?*

Une dernière question nous reste à résoudre. Si le
notaire interrogé au cours d'une information criminelle, d'une audience d'un tribunal répressif, ou
d'une enquête au tribunal civil ne s'est pas retranché
derrière le secret professionnel, si par sa déposition
il a compromis les intérêts, l'honneur ou la liberté
de son client, tombera-t-il sous l'application des
peines prononcées par l'article 378 du Code pénal ?

Pour les juristes qui admettent que le notaire ne
peut se dispenser de déposer, la question n'existe
même pas. On ne peut incriminer un témoignage
que le notaire n'était pas libre de refuser, punir un
fait obligatoire.

Mais la question existe très bien, et elle est fort
délicate, si l'on admet, comme l'ont fait si souvent les
auteurs et les arrêts, comme nous venons de le soutenir nous-même, que le notaire est en droit d'invoquer le secret professionnel.

Pourra-t-il être poursuivi correctionnellement ?
Pourra-t-il être actionné en dommages-intérêts ?
Pourra-t-il faire l'objet d'une poursuite disciplinaire ?

Pour plus de clarté nous examinerons la question au respect des procédures criminelles, et au respect des procès civils.

En ce qui concerne les débats devant les juridictions de répression nous n'avons jamais prétendu que le notaire fut obligé de refuser son témoignage, mais seulement qu'il pouvait le refuser. Le refus de déposer est pour lui une faculté, non un devoir.

Cette observation est grosse de conséquences : si le silence était un devoir pour le notaire, la violation de ce devoir l'exposerait certainement aux peines de l'article 378 du Code pénal et à des dommages-intérêts. Si ce n'est qu'une faculté, si le notaire est en droit de peser son devoir envers son client et son devoir envers la Société et de donner la préférence à l'un ou à l'autre, de décider lequel des deux lui semble plus impérieux et doit l'emporter, il est de toute évidence qu'il ne peut encourir ni peine ni responsabilité civile.

Nous pensons, dans tous les cas, et quelles que soient les solutions adoptées, que le notaire ne doit avoir rien à redouter ; car, dans l'état de la question, le condamner, soit à une peine, soit à des dommages-intérêts, *ce serait le punir pour avoir pris parti dans une controverse qui divise les auteurs et les tribunaux.*

Nous croyons d'ailleurs être d'accord sur ce point avec la majorité des auteurs qui ont traité la matière.

Rutgeerts enseigne que l'article 458 (l'art. 458 du

Code pénal belge est notre article 378 ; il en reproduit intégralement le texte) s'applique aux révélations imprudentes, mais non aux révélations exigées
par la justice.

Nous trouvons la même doctrine dans Delacourtie
et Robert : « Le notaire appelé à déposer en justice
doit s'abstenir s'il estime être lié par le secret professionnel. Mais, en présence des incertitudes de la
jurisprudence sur la question du secret professionnel, il paraîtrait difficile d'incriminer à ce point de
vue la déposition du notaire cité comme témoin
devant une juridiction de répression ou dans une
enquête civile » (1).

MM. Delacourtie et Robert ne se préoccupent que
de la question disciplinaire ; mais, appliquant leurs
arguments dans des conditions plus générales, nous
estimons que le notaire qui n'a pas cru devoir, en
toute conscience, refuser à la justice le témoignage
sollicité par elle, est à l'abri non seulement de toute
poursuite disciplinaire, mais de toute poursuite pénale
et de toute action en dommages-intérêts. Le notaire,
répètent à l'envie tous les auteurs, est seul juge de ce
qu'il doit dire ou taire ; s'il s'exposait, lorsqu'il
dépose, à des poursuites disciplinaires, pénales ou
civiles, non seulement il ne serait plus « seul juge »
mais il ne serait plus juge du tout !

---

1. *Tr. de la Discipline des Notaires,* n° 297.

Nous rencontrons dans M. Lefèbvre une théorie beaucoup plus sévère. Après s'être posé la question de savoir si l'on peut considérer comme une infraction la révélation qui est provoquée par les investigations de la Justice, il la résout en ces termes :

« Un notaire doit connaître tous les devoirs que lui imposent ses fonctions (mieux que les juges ? dirons-nous pour notre part, puisque les juges n'ont pu jusqu'ici se mettre d'accord sur l'étendue des devoirs en question). Il ne lui est pas permis d'ignorer qu'il a le droit de garder les secrets qu'on lui a confiés, alors même que la révélation lui en est demandée par la justice, soit dans un procès civil, soit même dans l'intérêt de la répression des actes criminels, *que la revendication de ce droit est une obligation rigoureuse.*

« Les juges disciplinaires, ajoute l'auteur, devraient tenir compte dans une large mesure des circonstances dans lesquelles la révélation a eu lieu, du trouble et des hésitations du notaire..., enfin des incertitudes et des revirements de la Jurisprudence sur cette grave question..... » (1).

Cette concession de circonstances atténuantes ne nous suffit pas. Nous plaidons l'acquittement.

Peut-être la divergence du système de Lefèbvre et du système de MM. Delacourtie et Robert est-il une question d'époque. Le *Traité de discipline nota-*

____
1. Lefèbvre, no 449.

riale de Lefèbvre a paru en 1875. L'œuvre de MM. Delacourtie et Robert en 1892.

Or, dans l'intervalle qui s'est écoulé entre les deux œuvres, la Cour de cassation a formulé elle-même sa doctrine avec l'autorité toute spéciale aux arrêts rendus sur pourvois formés par le Procureur général près la Cour suprême pour excès de pouvoir.

Le 5 août 1884 (1) la Cour de cassation décidait que : « Commet un excès de pouvoir la Chambre des notaires qui prononce une peine disciplinaire contre un notaire à raison de déclarations par lui faites, comme témoin, dans une poursuite criminelle contre son prédécesseur, sous prétexte que ce notaire aurait manqué à ses devoirs par des déclarations que la Chambre qualifie de diffamatoires et en tous points contraires à la vérité. »

De deux choses l'une : ou le notaire appelé en témoignage avait menti ; et la répression de ce fait devait consister dans une poursuite criminelle (art. 361 C. p.) ou correctionnelle (art. 362 C. p.) et cette poursuite ne regardait pas la Chambre de discipline, ou le notaire avait dit la vérité — ce qui devait être admis tant qu'il n'était ni condamné, ni même poursuivi pour faux témoignage, — et il n'y avait lieu ni à poursuite disciplinaire, ni à aucune autre action.

Nous croyons, pour notre part, qu'il faut s'en tenir

---

1. *Journ. des not.*, 23.249.

à la théorie de Rutgeerts et Amiaud, de Delacourtie et Robert. Nous respectons le principe : *Nemo censetur ignorare legem.* Mais ne pas ignorer la loi, ce n'est pas la savoir mieux que les magistrats chargés de l'appliquer.

Maintenant, s'il nous fallait indiquer une voie aux notaires qui peuvent se trouver ainsi « pris entre le marteau et l'enclume », le conseil qui nous paraîtrait le meilleur à donner serait celui de refuser leur déposition. Si nous croyons qu'en déposant ils ne courent aucun risque matériel, leur considération ne peut que trouver profit dans un respect absolu, superstitieux si vous voulez, du secret professionnel.

Dans tous les cas, le notaire prêt à déposer devrait s'arrêter, s'il en était requis par son client. Malgré la latitude que nous laissons au notaire, nous sommes disposés à admettre ces deux points consacrés par un arrêt de la Cour d'assises du Lot-et-Garonne du 15 décembre 1887 (1).

1º La révélation d'un secret confié à une des personnes visées implicitement par l'article 378, un notaire par exemple, ne peut devenir obligatoire par la seule volonté du déposant, c'est-à-dire selon nous, malgré l'opposition des intéressés ;

2º Il en serait ainsi lorsque les confidences ont été faites par trois personnes dont deux seulement déclareraient affranchir le dépositaire de l'obligation

---

1. *Journ. des Not.*, 24087. Arrêt déjà cité à la note 1 p. 286.

du secret professionnel et que les confidences sont indivisibles.

En ce cas nous admettrions la possibilité d'une poursuite disciplinaire, d'une action en dommages-intérêts, mais beaucoup plus difficilement d'une poursuite correctionnelle. Car nous ne voyons pas bien le ministère public intervenant pour faire punir une révélation dont il se serait fait le promoteur.

En quoi notre système diffère-t-il donc de celui de l'arrêt d'Agen dont nous venons de signaler le sens ? En ce que nous n'admettrions des poursuites contre le notaire de quelque nature qu'elles fussent, que dans le cas où le client de ce notaire aurait fait, *avant de le laisser déposer* toute réserve de ses droits contre lui.

Un point reconnu par tous les auteurs, tant anciens que modernes, c'est que le notaire appelé en témoignage devant une juridiction quelconque doit obéir à la citation. C'est seulement lorsqu'il sera en présence du tribunal ou du juge qu'il invoquera le privilège qui est en même temps le devoir de sa charge (1) ; et qu'il l'invoquera suivant nous, tou-

---

1. M. Pellerin (*Rapports des notaires avec le ministère public*) donne aux notaires appelés en témoignage, une règle de conduite que nous croyons bonne à retenir. « Ajoutons, dit-il, une dernière observation qui pourrait avoir son utilité pour nos lecteurs, s'ils se trouvaient dans cette situation embarrassante d'être interrogés en justice sur des faits connus d'eux dans l'exercice de leur profession.

« Les notaires dont les amendes furent maintenus par les arrêts de 1853 et de 1870, avaient eu l'imprudence de causer longuement avec le juge d'ins-

jours avec succès, s'il n'est pas relevé du secret professionnel par toutes parties intéressées, — même si toutes parties intéressées déclarent le relever du secret professionnel, suivant la doctrine qui a tendu à s'affirmer dans ces derniers temps et que nous considérons comme excessive.

truction et de lui exposer les circonstances dans lesquels ils avaient eu connaissance des faits de la cause. Cet exposé ne pouvait que fournir, et fournit, en effet, des armes contre eux. S'ils s'étaient bornés à répondre : « Je n'ai rien à vous dire. Je n'ai rien appris que sous le sceau du secret dans l'exercice de mes fonctions. Je refuse de rien ajouter à ces paroles », le juge d'instruction n'aurait pu insister et prononcer l'amende ».

CONCLUSION

Le notariat dans ces dernières années a subi plus
d'un assaut. Il s'est défendu vigoureusement et non
sans succès. Nous ne croyons pas qu'il ait perdu
quelque chose de la confiance plusieurs fois sécu-
laire qu'il avait su conquérir. Le nombre des clients
qui ne prendraient pas l'initiative d'une opération
sans avoir préalablement consulté leur notaire n'a
diminué que de la quantité des naïfs qu'un peu de
réclame attire chez des agents d'affaires dépourvus de
connaissances juridiques, d'orthographe.... et trop
souvent de probité (1).

Nous ne prétendons pas que le notariat, plus que
toute autre institution humaine, échappât à la nécessité des réformes. La plupart, d'ailleurs, de celles
qui avaient été demandées à bon droit sont passés à
l'état de fait accompli.

La « magistrature domestique » a d'ailleurs trouvé

<hr>

1. Balzac évoque aussi devant nos yeux « toute une procession misérable
de redingotes crasseuses, de cravates salies, de visages ravagés : c'est la gale-
rie des *anciens notaires* rayés pour escroquerie, etc., etc..... » (Bréal. *Le
Monde judiciaire* dans Balzac).

dans la « magistrature publique » des défenseurs assez éloquents et assez autorisés, pour que son existence ne puisse être considérée comme directement menacée à l'heure présente.

Ses membres les plus éminents ont fourni, d'autre part, en faveur de sa cause, des arguments qu'il est plus facile de négliger que de détruire.

Mais il ne suffit pas à une institution qui se sent saine et qui veut vivre de se défendre *en bloc*. Il faut qu'elle veille à l'intégrité de chacun des organes de sa vitalité ! Un arbre dont on a laissé couper une racine maîtresse ne tarde pas à se dessécher et à mourir.

Le secret professionnel est pour le notariat une de ces racines maîtresses sur lesquelles il ne faut pas laisser porter la cognée. Voilà pourquoi nous défendons avec une telle insistance cet attribut qui est pour l'institution, le devoir autant que le droit de ses membres, sa plus belle prérogative, peut être sa principale raison d'être, en tous cas une des raisons de sa création et de sa conservation.

*
* *

Pourquoi, nous dira-t-on, mettre tant d'ardeur à la défense du secret professionnel ? La jurisprudence et la doctrine renoncent à le combattre. Non seulement on nous concède tout ce que nous réclamons en sa faveur, mais on dépasse nos exigences. La Jurisprudence la plus récente le déclare intangible ; elle ne veut même pas que l'officier public en soit relevé par l'autorisation de toutes parties intéressées. C'est nous qui refusons de suivre la jurisprudence jusqu'au bout de ses concessions, lorsque nous admettons que le confident nécessaire n'est pas obligé à plus de discrétion que ses clients n'en exigent de lui. Les plus écoutés parmi les criminalistes récents déclarent que le secret professionnel n'est pas seulement de la nature, qu'il est de l'essence du notariat.

La Cour de cassation (arrêt du 12 juin 1899), après la Cour de Montpellier, vient de fermer les études des notaires aux investigations des procureurs de la République.

La cause du secret professionnel est définitivement gagnée : il n'est plus temps de s'enflammer pour elle.

Nous ne nous laissons point séduire par ces perspectives de paix que l'on ouvre devant nos yeux. Si le secret professionnel n'est plus discuté, il n'a jamais été plus menacé.

*
* *

Une des propositions les plus anodines que nous ayons vu éclore dans ces derniers temps, celle qui rencontre le plus d'adhérents dans le monde de la littérature et de la science historique et le moins d'opposition de la part des notaires est celle qui aurait pour objet de faire verser par les officiers publics dans des archives ouvertes aux recherches de tous, les vieilles minutes des études.

Cette mesure a quelque chose de séduisant; et d'autre part elle n'apparaît pas grosse de conséquences dangereuses.

On peut se demander toutefois si, les minutes étant, d'après certains théoriciens, la propriété des notaires, ce dessaisissement ne constituerait pas une véritable expropriation (1). Sans nous attarder à cette discussion, mais en nous enfermant strictement dans les limites de notre œuvre, nous avons à nous demander si la discrétion professionnelle peut être ainsi atteinte par une sorte de prescription.

Rien n'est moins démontré que l'innocuité parfaite de la divulgation des minutes anciennes. Il existe en France, comme ailleurs de nombreux représentants de familles dont quelques membres ont joué un rôle dans l'histoire : et ces familles pourraient souffrir un préjudice moral très réel, si certains faits de la vie privée d'ancêtres dont elles sont fières, attestés par des documents authentiques, venaient jeter une ombre sur la mémoire de ces ancêtres. Est-il bien nécessaire à l'Histoire de savoir si quelque guerrier renommé, si quelque magistrat intègre n'a pas eu à réparer quelque faute de jeu-

----

1. La question a été étudiée avec une maîtrise incontestable et résolue d'ailleurs négativement par Mᵣ Douarche, conseiller à la Cour de Paris *Etude sur les Anciennes minutes des notaires*).

nesse? de mettre au jour quelque transaction qui révélerait des dissentiments de famille ignorés des contemporains ?

Pourquoi risquer d'éveiller de vieux secrets, qui dorment ensevelis dans la poussière vénérable des études ?

Le mur de la vie privée ne doit pas être franchi, lors même qu'il est devenu le mur de la mort, et que derrière lui, ne s'abritent plus que des tombeaux.

L'Histoire d'ailleurs n'y perdra rien de ce qui mérite d'être conservé.

L'érudit doublé d'un styliste de premier ordre qui s'appelle M. Gabriel Lenotre, et qui fait revivre la Révolution française avec son décor, ses dessous, son personnel, a pu mettre sous nos yeux parmi bien d'autres documents intéressants le testament de Charlotte de Robespierre, la sœur du célèbre conventionnel. Et pour cela il n'a pas eu besoin d'aller puiser dans un dépôt public.

Il a obtenu de l'honorable Me Dauchez la communication de la pièce publiée par lui dans son livre : *Vieilles maisons, vieux papiers*. Mais pourquoi a-t-il obtenu cette communication ? C'est parce que l'officier public qui est venu en aide à l'historien savait bien que la famille de Robespierre était éteinte, que l'histoire de cette famille n'avait plus rien à débattre avec des intérêts présents, matériels ou moraux.

Pour décider si la publication d'une pièce est du domaine de l'histoire, si elle ne froisse aucun droit, aucun sentiment respectable, il faut un juge : et ce juge, c'est le notaire dépositaire du document. L'officier public exhibera au besoin une ancienne minute, mais il ne livrera pas, même au chercheur le plus impartial, la clef de ses archives.

Tandis que l'on demande aux officiers publics de faire de leurs anciennes minutes un domaine banal, et de livrer à la curiosité des historiens, pêle-mêle avec les documents qui l'intéressent, des secrets qui ne les regardent pas !

Nous avons dit que de toutes les réformes proposées, cette centralisation des vieilles minutes dans les dépôts publics était celle qui avait rencontré le moins d'opposition. C'est qu'en effet elle a pu tirer des circonstances de sérieux arguments en sa faveur. On a dit, et pas toujours sans raison, que chez plus d'un notaire, les anciennes minutes pourrissaient au fond de quelque grenier (1); qu'il était arrivé parfois que ces documents confidentiels, et dont nous défendons le secret, avaient été vendus aux vieux papiers ; et on a raconté qu'un notaire de Paris avait été bien surpris de rencontrer à la salle des ventes d'anciennes minutes de son étude, dont la propriété donna lieu à un débat juridique sur lequel nous n'avons pas à nous expliquer ici (2) !

1. Enquête faite par les soins des Procureurs généraux, en 1865.

2. Affaire Vassal contre Charavay. V. *Rev. du Not.* T. IX, p. 929, n. 2.221 et T. X, p. 105, n. 2.303.

Il y a du vrai dans tout cela, et nous n'hésiterons pas à reconnaître que, s'il existe là un péril pour les notaires, la naissance de ce péril est imputable à la négligence de quelques-uns d'entre eux.

Si l'encombrement des études rendait la conservation des anciennes minutes au domicile des notaires impossible ou trop difficile, on pourrait sans porter atteinte à la discrétion professionnelle réunir ces documents dans des locaux appartenant aux Chambres des notaires de chaque arrondissement, locaux dans lesquels les pièces seraient classées par étude. Les anciens répertoires, à la disposition d'un archiviste de la Chambre, permettraient de retrouver sans trop de peine celles qu'on désirerait consulter ; et si quelque demande de communication ou de délivrance d'expédition venait à être formulée, cette demande adressée à l'archiviste de la Chambre serait par lui transmise au titulaire de l'étude intéressée, c'est-à-dire au seul juge de la légalité et de l'innocuité de la communication (de l'innocuité surtout, car la légalité de la communication aux historiens ou aux littérateurs de pièces qui ne les intéressent pas personnellement sera toujours une contravention à l'article 23 de la loi du 25 ventôse an XI) (1).

---

1. Dans ce sens V. Rapport de M⁰ Jozon, notaire à Meulan, à l'assemblée générale des délégués des notaires des départements, tenue à Paris le 25 octobre 1893 (*Rev. du not.*, n° 9.078).

*
* *

Dans le même ordre d'idées, mais dans des conditions bien autrement dangereuses, des adversaires du notariat, déguisés sous le nom d'adversaires de la vénalité des offices, ont insinué « qu'on pourrait confier aux greffiers ou aux receveurs de l'enregistrement le dépôt des minutes et la délivrance des expéditions. »

Nous ne croyons pouvoir mieux faire que de reproduire ici ce que disait dans un discours de rentrée M. Valler, avocat général à la Cour de Besançon (1).

« Le principal vice de ce système, serait de faire renaître la confusion de pouvoirs qui a produit de si tristes résultats au moyen âge et de détruire la concentration féconde du droit de rédiger les conventions avec celui de les authentiquer et avec celui de les faire exécuter... »

Et venant au point qui nous préoccupe M. l'avocat général Valler ajoute : « Ce système aurait en outre le déplorable résultat de mettre le public à la merci de ces notaires rédacteurs, qui ne présenteraient aucune garantie d'honorabilité ni de capacité et ne seraient bientôt plus que des *agents d'affaires* affranchis de tout contrôle et ne se souciant ni de l'intérêt de leurs clients ni du *secret dû aux conven-*

1. Discours de rentrée, 1884.

tions des parties, ni de l'avenir du contrat qu'ils auraient rédigé. Il ne faut donc pas s'arrêter à un système qui produirait des effets aussi regrettables et qui deviendraient une source intarissable de procès. »

*
* *

D'autres adversaires moins francs de l'institution notariale, ont demandé la création d'une « inspection notariale » (1), conception dont on ne saurait s'étonner dans un pays où tout finit non plus par des chansons comme autrefois, mais par des créations de fonctions publiques, pour ne pas dire de sinécures.

Une variante de ce système, qui n'a recruté que

---

1. V. sur ce sujet une étude de M. R. B. dans la *France judiciaire* de 1883. T. VIII : Tout grand corps, dit en substance l'auteur, a besoin de surveillance, surtout quand il manie des sommes importantes. Nos finances sont vérifiées, le notariat l'est à peine, le ministère public « trop occupé » ne porte son attention sur un notaire qu'au cas de plainte. Les chambres de discipline manquent d'énergie à cause des liens d'amitié qui unissent les notaires.

L'auteur a le tort de ne considérer pour édifier sa thèse que le notaire « qui se trouve dans une situation périlleuse », ce qui est heureusement assez rare. Il admet cependant que « seuls les agents de l'enregistrement voient tout et peuvent avoir un aperçu de la situation, mais ne font part de leurs observations à personne ».

Mais, dira-t-on, les actes des notaires contiennent des conventions absolument privées, des secrets de famille. L'auteur devance l'objection qu'il trouve faible. Il prétend que l'auteur ne ferait aucun usage des renseignements que ses investigations lui permettraient de se procurer. Est-ce bien sûr ?

Nota. —Il existe en Russie une inspection du notariat confiée à un « notaire en chef » placé sous la surveillance du tribunal d'arrondissement.

peu d'adhérents, prend pour objectif, à défaut de la création d'inspecteurs spéciaux, l'extension des pouvoirs de surveillance du parquet, qui seraient transformés, sous prétexte d'inspection, en une véritable investigation dans les études.

« Une surveillance exercée dans l'intérieur des offices, dit M. Pellerin, irait directement contre les principes mêmes de l'organisation du notariat... Le notaire n'est fonctionnaire public que de nom. Il est avant tout l'homme de ses clients, leur mandataire privé, leur confident. Le gouvernement ne pourrait inspecter sa gestion qu'en s'ingérant dans les affaires privées par une inquisition qui ne tarderait pas à devenir odieuse. Celle de l'administration de l'enregistrement est déjà bien assez vexatoire. L'indépendance du notariat serait détruite, si un inspecteur du gouvernement avait le droit de pénétrer dans chaque étude et d'y contrôler la marche des affaires. Dans les temps troublés, ces sortes de délégués deviendraient aussitôt des surveillants politiques » (Et ici M. Pellerin, à qui nous laissons la responsabilité de son affirmation, déclare, dans une note, qu'il a connu en 1871, un vérificateur de l'enregistrement qui ne rentrait jamais de ses tournées sans passer par la préfecture !) (1).

En résumé, conclut l'ancien magistrat, le droit de surveillance qui appartient au ministère public sur

---

1. M. Pellerin. *Rapports des notaires avec le ministère public* (déjà cité plus haut).

le notariat, est restreint aux faits signalés par les plaintes des clients ou par la rumeur publique.

Ainsi compris, il se justifie amplement, mais le jour où il dégénèrerait en intrusion permanente dans les relations du notaire avec sa clientèle, où le Procureur de la République interviendrait en tiers dans le tête-à-tête du notaire et de celui qui recourt à son ministère, la situation deviendrait intolérable, autant vaudrait faire des membres du parquet les rédacteurs des actes et les confidents obligés des parties !

Inspection par le Procureur de la République ou par un fonctionnaire spécial, ce serait une atteinte dont le notariat ne se relèverait pas. « Cette police, dit encore M. Pellerin, serait la mort du notariat qui a besoin avant tout de la liberté et du secret, au même titre que le commerce » (1).

Mais autant nous nous élevons contre les investigations indiscrètes du procureur de la République ou d'un fonctionnaire spécial, de quelque nom qu'on l'appelle, autant nous faisons des vœux pour que l'inspection des Chambres de discipline se fasse plus vigilante, plus constante, plus efficace.

Nous ne voulons point dérober les secrets des notaires au contrôle de ceux qui sont obligés par leur profession même de respecter et de garder les secrets des clients.

1. Pellerin, *op. cit.*

C'est en se défendant de toute faiblesse que la « juridiction domestique » du notariat écartera les intrusions policières.

*
* *

Nous n'en aurons jamais fini avec l'énumération de tous les assauts livrés au secret professionnel des notaires, de toutes les embûches sournoises qui lui sont tendues, des dangers même qui peuvent lui être préparés sans mauvaise intention.

C'est lui et lui seul que vise la plupart des attaques dirigées contre le notariat « cette vieille et nécessaire institution si respectée et si digne de l'être dans la plupart de ses représentants » (1).

Quand on veut s'emparer d'objets contenus dans un lieu clos, il faut écarter, abattre ou remplacer les sentinelles qui gardent la porte : c'est l'intention qui se cache derrière tous les projets de réforme du notariat ; c'est l'intention qui s'affirme dans les projets de suppression que nous allons examiner en terminant cette étude.

Le péril le plus grave qui menace le secret notarial consiste dans la conversion qui pourrait être opérée des notaires en fonctionnaires publics, — ce que l'on pourrait appeler l'étatisation du notariat.

Il y a aujourd'hui plusieurs écoles qui veulent

1. Circulaire de M. Dufaure, garde des Sceaux du 19 octobre 1887. *Bulletin officiel*. Page 217.

faire de l'Etat le moteur de toute la vie sociale, le maître de toute propriété, le dispensateur de toutes les ressources, libre d'affamer ou de nourrir la population toute entière du pays. Mainmise de l'Etat sur les chemins de fer, sur les assurances, sur les charges d'agents de changes, d'avocat à la Cour de cassation, de commissaires-priseurs, de courtiers, sur les greffes, sur les études d'avoués, d'huissiers, de notaires. C'est la conception de toutes les écoles socialistes, sans en excepter celle des socialistes d'état.

La Commune de Paris tenta une application heureusement éphémère de cette théorie. Le décret qu'elle rendit le 23 avril 1871 nous donne un aperçu du régime qui serait substitué au régime actuel des offices :

Art. 1er. — Les huissiers, notaires, commissaires-priseurs et greffiers des tribunaux quelconques, qui seront nommés à Paris à partir de ce jour recevront un traitement fixe. Ils pourront être dispensés de fournir un cautionnement.

« Art. 2. — Ils verseront tous les mois entre les mains du délégué aux Finances, les sommes par eux perçues pour les actes de leur compétence ».

Le 6 mai 1890, M. Pontois député, fit revivre la doctrine de la Commune en déposant un projet « sur la transformation de l'ordre des avocats, la suppression des avocats au Conseil d'Etat et à la Cour de Cassation et des avoués de première instance et d'appel, la transformation des greffiers, commissaires-priseurs, huissiers, *notaires* et agents de change en fonctionnaires publics salariés par l'Etat et la réforme de la procédure civile ».

C'est dans la même pensée que, le 13 juin 1892, M. Emile Ferry déposa un autre projet tendant à l'abrogation de l'article 91 de la loi du 18 avril 1816, c'est-à-dire de la loi qui assure aux officiers publics et ministériels le droit de présenter des successeurs à l'agrément du gouvernement, — c'est-à-dire de vendre leurs charges.

Le 12 janvier 1899, M. Fournière reprit la proposition de M. Emile Ferry pour son compte, en déclarant que ce n'était pas « pour la faire sienne dans toutes ses parties, mais pour donner une base à une discussion nécessaire ».

Enfin M. le sénateur Clémenceau et dix de ses collègues viennent de partir en guerre, à leur tour, contre la vénalité des offices et en demandent l'abolition générale. Leur projet de loi ne date que du 23 octobre 1902 (1).

Que les projets Pontois, Ferry, Fournière, Clémenceau, aboutissent, et le secret professionnel aura vécu. Le notariat courra le risque de cesser d'être un sacerdoce... pour devenir une police.

Quel est le fonctionnaire choisi par le gouvernement, révocable par le gouvernement, qui résistera au désir plus ou moins impérieusement exprimé par

1. J. N., n° 27.776.

les représentants supérieurs des pouvoirs publics de consulter les minutes de l'étude et de se renseigner sur les confidences de la clientèle ?

Et quel est le gouvernement assez scrupuleux pour ne point se laisser aller à la tentation de porter ses regards dans les secrets qu'il peut avoir intérêt à connaître ?

Ce que deviendra le secret professionnel, un arrêt de cassation du 14 mars 1885 est là pour nous l'apprendre. Il s'agit des agents des postes :

La Cour suprême décide :

« Que, si aux termes des lois des 26, 29 août 1790, ces agents prêtent serment de garder et observer fidèlement la foi due au secret des lettres, ce serment dont l'utilité est incontestable, ne saurait les dispenser d'accomplir le devoir imposé à tout citoyen par l'article 80 du Code d'instruction criminelle ; qu'aucune disposition de la loi ne leur accorde ce privilège, et qu'ils sont tenus dès lors comme toute autre personne, de révéler à la justice, s'ils sont appelés comme témoins, les faits dont ils ont pu avoir connaissance même dans le service de leurs fonctions, qu'autrement il faudrait admettre « ce qui est « contraire à la morale et à la raison, que l'admi- « nistration des postes peut assurer l'impunité de « faits punissables et soustraire le coupable aux « recherches de la justice. »

M. Garraud (1), sans doute, fait observer que la

1. Garraud. *Traité de Dr. crim.*, n° 2.070.

Cour de cassation a manqué de logique, et qu'on ne
peut à la fois imposer le secret aux employés d'une
administration, et les considérer comme tenus de révéler ceux de ces secrets qui intéressent la répression.
Cet illogisme — que nous nous garderions bien de
contester — n'est pas imputable à la Cour suprême.
C'est le fait de la situation, d'une situation fausse,
comme serait celle des notaires, le jour où devenus
fonctionnaires du gouvernement, ils se trouveraient
placés entre les particuliers, dont ils devraient taire
les secrets, et l'administration qui les solliciterait
— dans un intérêt public, je l'admets, et par conséquent dans les meilleures intentions du monde — de
les trahir.

Ce système ferait la fortune des agents d'affaires
qui auraient, à défaut d'autres, le mérite de l'indépendance, et qui se proclameraient libres de toute
attache administrative. Ce seraient les agents d'affaires qui deviendraient les confidents nécessaires, et
qui, bien plus que les notaires, seraient appelés à
manier le patrimoine des particuliers. On verrait le
nombre des actes authentiques se réduire aux seuls
actes solennels, les actes sous-seing privés libellés
par des conseils quelconques... L'Etat, s'il comptait
sur le bénéfice des actes authentiques pour se couvrir du milliard et demi nécessaire pour le rachat des
charges, aurait une fâcheuse déception. Mais cela
n'est pas notre affaire. Pour s'édifier sur la question,
on n'a qu'à se reporter au rapport si net et si con-

cluant de M. le député Gellé sur la proposition Fournière.

Nous plaçant au seul point de vue qui doive nous
préoccuper, nous nous contentons de dire avec
M. Pellerin : « La règle du secret professionnel est
née avec l'indépendance du notariat et lui demeurera
toujours invinciblement liée. »

« Sans secret, s'écrie M. Pellerin, point de notariat. »

« Avec le notaire fonctionnaire point de secret
certain », ajouterons-nous pour notre compte, et du
rapprochement de ces deux affirmations nous laissons la conclusion s'évincer d'elle-même.

Il faut que le notaire puisse défendre son étude
« abrité, comme dit Taine, contre l'arbitraire adminis-
tratif par la quittance du roi » (1).

Nous n'insisterons pas davantage, ne voulant pas
nous laisser entraîner sur le terrain de la vénalité des
offices, terrain qui n'est pas le nôtre, mais dont il
est impossible de méconnaître la contiguïté avec le
domaine du secret professionnel.

Autant vaut d'ailleurs ne pas faire de pessimisme :
l'esprit public est ombrageux, et, dans la voie des
appréhensions, il ira à coup sûr plus loin que nous.

1. Taine. *Origines de la France contemporaine. Le régime moderne,* t. I,
p. 372.

BIBLIOGRAPHIE

AMIAUD. —Etude sur le notariat français.

    Recherches bibliographiques sur le notariat français.

    Traité formulaire général alphabétique et raisonné du notariat.

    Archives du ministère de la Justice.

AUGIER (Emile).

BALZAC (Honoré de). — Voyez Bréal.

BAST (Amédée de). — Origines judicaires.

BASTINÉ. — Cours de notariat.

BAUBY. — Traité théorique et pratique de la responsabilité civile des notaires.

BAUDRY-LACANTINERIE. — Droit civil.

BAUDRY-LACANTINERIE et HOUQUES-FOURCADE. — Des personnes.

BERRIAT-SAINT-PRIX (F.). — Analyse du Code pénal.

BLANCHE et DUTRUC. — Etude sur le Code pénal.

BOITARD. — Leçons de Droit criminel.

BOURDILLON. — Discours prononcé à l'ouverture de la Confé_ rence (1904).

BRÉAL. — Le monde judiciaire dans Balzac.

BRISSAUD. — Cours d'histoire du droit français.

CAILLY. — Rapport au Conseil des anciens.

CARNOT. — Code pénal.

CHAUVEAU, F. HÉLIE et VILLEY. — Théorie du Code pénal.
   Circulaires du Comité des notaires des départements.

CLERC (Ed.). — Traité général du Notariat et de l'Enregistrement.

DALLOZ. — Jurisprudence générale.

DEFRÉNOIS. — Répertoire général pratique du Notariat et de
   l'Enregistrement.

DELACOURTIE et ROBERT. — Traité pratique de la discipline
   des notaires.

DEMOLOMBE. — Cours de Code Napoléon.

DENISART. — Collection de décisions nouvelles et de notions
   relatives à la Jurisprudence actuelle (1771).

Dictionnaire des Rédacteurs de l'Enregistrement.

DOMAT. — Droit public. Lois civiles.

DOUARCHE. — Etude sur les anciennes minutes des notaires.

DUFAIL. — Les plus solennels arrêts et règlements donnés au
   Parlement de Bretagne.

DUFAURE. — Circulaire du Garde des Sceaux (19 octobre 1887).

ELOY. — De la responsabilité des notaires et de la discipline
   notariale.

ENCYCLOPÉDIE DU NOTARIAT ET DE L'ENREGISTREMENT.

FAVARD DE LANGLADE. — Répertoire de la législation du notariat.

FERRIÈRE (de). — Le parfait notaire.

FRANCE JUDICIAIRE (La).

GAGNEREAUX. — Commentaire de la loi du 25 ventôse an XI
   sur le notariat.

GARNIER. — Répertoire général et raisonné de l'Enregistrement.

GARRAUD. — Traité théorique et pratique du droit pénal français.

Gazette du Palais.

GELLÉ. — Rapport à la Chambre des députés.

GÉNÉBRIER. — Répertoire encyclopédique et raisonné de la pratique notariale.

GIRAUD. — Essai sur l'histoire du droit au moyen âge.

GLASSON. — Histoire du Droit français.

GLASSON ET PIERRE COLMET-DAAGE. — Précis théorique et pratique de procédure civile.

GLOUVET (de). — L'étude Chandoux (Roman).

HORACE. — Satires.

JEANNEST SAINT-HILAIRE. — Du notariat et des offices.

JOURNAL DES NOTAIRES.

JOURNAL DU NOTARIAT.

JOUSSE. — Traité sur l'administration de la Justice.

LABORDE. — Cours de droit criminel.

LABORI. — Répertoire encyclopédique du Droit français.

LANGLOIS. — Traité des droits des notaires de Paris.

LAUTOUR. — Code usuel d'audience.

LEFEBVRE. — Traité de la discipline notariale devant les tribunaux et les chambres de discipline.

LEGRAND. — Le notariat et sa crise actuelle.

LEGRAVEREND. — Traité de la législation criminelle en France.

LE POITTEVIN (G.). — Dictionnaire formulaire des Parquets.

LOCRÉ. — Législation criminelle.

LORET. — Eléments de la science notariale.

LOYSEAU. — Traité des offices.

MANGIN. — Instruction criminelle.

MASSABIAU. — Manuel du Ministère public.

MASSÉ. — Le parfait notaire ou la science du notariat.

MERLIN. — Répertoire universel et raisonné de jurisprudence.

MORIN. — Répertoire universel et raisonné de droit criminel.

MUTEAU. — Du secret professionnel d'après la loi.

PELLERIN. — Des rapports du notaire avec le ministère public.

PLANIOL. — Traité élémentaire de droit civil.

PLANTÉ. — Observations sur la réforme du notariat (Voir
France judiciaire).

POUGET. — Cédules hypothécaires (thèse).

PRADINES. — Etude comparative sur l'institution du notariat
dans les divers pays (Voir Revue de législation comparée, 1870).

RAUTER. — Traité théorique et pratique du droit criminel
français.

RAVIOT. — Observations sur les arrêts notables du Parlement
de Dijon.

RÉAL. — Exposé des motifs de la loi de ventôse.

Revue du notariat.

ROLLAND DE VILLARGUES. — Répertoire de la Jurisprudence du
notariat.

RUTGEERTS et AMIAUD — Commentaire sur la loi de ventôse
an XI, organique du notariat.

SERPILLON. — Code criminel.

SIREY. — Recueil général des lois et arrêts.

TAINE. — Origine de la France contemporaine.

VALLER. — Avocat général. Discours de rentrée.

TABLE DES MATIÈRES

INTRODUCTION......................... 5

TITRE PREMIER

Le secret des minutes........................ 23

CHAPITRE I. — Historique de l'institution des minutes. 23

CHAPITRE II. — Le secret des minutes dans l'ancien
droit........................... 31

CHAPITRE III. — Le secret des minutes d'après la loi
de ventôse an XI..................... 35

Actes auxquels ne s'applique pas le secret des
minutes 37

CHAPITRE IV. — Interdiction des communications glo-
bales........................... 43

CHAPITRE V. — Personnes auxquelles la loi concède le
droit de requérir expédition ou communication des minutes..................... 51

CHAPITRE VI. — La procédure de compulsoire....... 73

APPENDICE AU TITRE PREMIER

**Secret des documents placés sous la garde du notaire
mais ne faisant pas partie des minutes.**

Section I. — Observations générales........... 84

Section II. — Registres d'étude............... 87

Section III. — Titres confiés au notaire par ses clients.................................... 93

Section IV. — Actes imparfaits.................... 97

TITRE II

Le secret professionnel et les fonctionnaires chargés du contrôle du notariat ....,............. 103

CHAPITRE I. — Rapports des notaires avec les préposés de la Régie................................. 103

CHAPITRE II. — Rapports du notaire avec le ministère public..................................... 131

CHAPITRE III. — Rapports des notaires avec les juges d'instruction................................ 148

CHAPITRE IV. — Investigations des chambres de discipline.. 165

CHAPITRE V. — Dessaisissement des minutes......... 169

TITRE III

Le secret des confidences........................... 176

Observations générales et division.................. 176

CHAPITRE I. — Les révélations spontanées.......... 179

Section I. — La loi du secret professionnel....... 179

Section II. — Limites de l'obligation de garder le secret des confidences...................... 197

CHAPITRE II. — Les dépositions..................... 215

Section I. — L'ancien droit...................... 215

Section II. — Le droit contemporain............. 226

§ I. — Le secret professionnel devant les juridictions répressives........................ 226

§ II. — Le secret professionnel devant les tribunaux civils............................ 275

§ III. — Doit-on distinguer entre les procès
civils et les procès criminels au point de vue
du secret professionnel des notaires ? 281

§ IV. — Conclusion....................... 284

§ V. — Les révélations provoquées par la justice
peuvent-elles tomber sur l'application de l'article 378 ? 288

Conclusion............................... 296

Imp. H. JOUVE, 15, rue Racine, Paris.